# Soziodynamik der Kultur

# Kunst und Gesellschaft

Herausgeber:

Alphons Silbermann, René König,
Leo Lowenthal, Abraham Moles

Band 8

Abraham A. Moles

# Soziodynamik der Kultur

Deutsche revidierte und neubearbeitete Auflage
von Elisabeth Rohmer

 Ferdinand Enke Verlag Stuttgart 1976

Titel der Originalausgabe:
„Sociodynamique de la culture"
ⓒ 1967 Mouton & Cie, Paris


Autor:

*Professor Abraham A. Moles*
7 Rue de la Courtine
F—67000 Strassbourg




**CIP-Kurztitelaufnahme der Deutschen Bibliothek**

**Moles , Abraham Antoine**
Soziodynamik der Kultur. — 1. Aufl. — Stuttgart :
Enke, 1976.
 (Kunst und Gesellschaft ; Bd. 8)
 Einheitssacht.: Sociodynamique de la culture
 ⟨dt.⟩.
 ISBN 3—432—88641—1

ⓒ 1976 Ferdinand Enke Verlag, 7000 Stuttgart 1, POB 1304
Printed in Germany

Druck: Druckhaus Dörr, Inhaber Adam Götz, Ludwigsburg

# Inhalt

IV. Kapitel: **Eine soziodynamische Theorie der Massenkommunikationsmittel am Beispiel von Rundfunk und Fernsehen**

V. Kapitel: **Kulturdynamik und intellektuelle Gesellschaft**

# Einleitung

> Vollkommene Werkzeuge, aber
> ungewisse Ziele sind die
> Zeichen unserer Zeit.
>
> Einstein

## 1. Zum Begriff der Kultur

Der Begriff "Kultur" ist von den Philosophen schon vor zwei Jahrhunderten aufgebracht worden: er findet sich bereits 1793 in einem deutschen Wörterbuch. Dagegen hat die Soziologie bis heute
die Kultur zwar um "kulturelle Tatsachen" bereichert, aber zum
Fortschritt einer eigentlichen Kulturdoktrin nicht beigetragen. Der
Zuwachs an kulturellen Tatsachen zusammen mit dem Fortschritt
in der Modelltheorie dürften es gestatten, einen neuen Versuch zur
Begriffsbildung vorzulegen.

Die Wissenschaft liefert uns Maße und Formen. Ihr Fortschritt vollzieht sich in einem Hin und Her zwischen den Tatsachen, die in
den Maßen erfaßt werden, und den Doktrinen, die die Formen liefern. Der Forscher wirkt auf das Erscheinungsfeld ein, um prägnan-
te Situationen auftauchen zu lassen, die er in eine abstrakte, d.h.
symbolische Sprache übersetzt. Dabei verwendet er ein Vokabular
von allgemeinen Begriffen, deren einer das Wort "Kultur" ist. *Maße*
und *Formen* sind also die beiden Pole einer Dialektik des Ergrei-
fens der Welt. Die Lösung dieser Dialektik besteht beim Abschluß
einer wissenschaftlichen Arbeit in der Errichtung von Strukturen,
die zu einer Algebra der Handlungen im Sinne *Paul Valérys* führen
können.

Die Geisteswissenschaften werden in Zukunft von den Human- oder
*Sozialwissenschaften* abgelöst werden, deren Objekt der *handelnde
Mensch* ist. Diese sind historisch aus einigen philosophischen Konzeptionen entstanden, die als Filigran in den Grundlagen ihrer Entwicklung verblieben sind. Die komplexeren unter diesen Wissenschaften, die inzwischen unabhängig geworden sind, haben bestimmte Spuren ihres Ursprungs beibehalten. Diese alle sehen sich als
objektive Erkenntnismethoden für den Menschen als "reagierendes
System". Sie setzen folgendes voraus:

A. Das Individuum ist ein offenes System, dessen Verhalten vollständig und in den kleinsten Einzelheiten determiniert ist, und zwar durch die Summe von

1. einer Erbmasse, die die allgemeine Struktur seines Programms bestimmt,

2. den Ereignissen seiner persönlichen Geschichte, die durch seine bedingten Reflexe und sein Gedächtnis in seinen Organismus aufgenommen werden und seine "Persönlichkeit" definieren,

3. seiner jeweiligen Umgebung, auf die dieser Organismus reagiert.

B. Alle gegenwärtigen und zukünftigen Verhaltensweisen dieses Individuums könnten in dem Maße, wie die drei obigen Faktoren bekannt sind, mit der Genauigkeit von Beschreibungen eines physikalisch-chemischen Systems vorausgesagt werden.

C. Die vollständige Kenntnis der Erbmasse, der Geschichte und der Umgebung des Individuums oder einer Gruppe von Individuen ist ein Ideal. Daher kann das Verhalten des Individuums wie der Gruppe von Individuen nur in der Form eines *statistischen* Verhaltens festgestellt werden. Dieses bildet das eigentliche Objekt der Human- oder Sozialwissenschaften.

D. Neben diesen experimentellen Wissenschaften muß sich eine theoretische Sozialwissenschaft entwickeln, die zum Ziel hat, von einem normalisierten Modell des menschlichen Organismus oder sozialen Atoms ausgehend, allgemeine Verhaltensmechanismen festzustellen, die sich in mathematischer Form ausdrücken lassen. Die Differenzierung dieses normalisierten Individuums durch die Multiplikation der numerischen Parameter, durch die es definiert wird, und ihre Fluxion nach den Begriffen der Differentialpsychologie muß das letzte Stadium dieser Wissenschaft vom Menschen und seine vollständige Eingliederung in das physikalisch-chemische Universum darstellen.

## 2. Die kybernetische Methode

Die vorliegende Arbeit ist eine Anwendung der Wissenschaft der allgemeinen Systeme. Sie entwickelt systematisch im Bereich der Kultursoziologie die *Methode der Analogien* als geistiges System zur Beherrschung der Wirklichkeit. Die Methode der Systemtheorie kann wie folgt charakterisiert werden:

1. Der Systemtheoretiker, hier als Hersteller von Modellen verstanden, *findet* zunächst ein Bild und untersucht, *worin* dieses Bild begründet liegt, das heißt auf welche Weise es ein irgendwie gearteter Reflex einer irgendwie gearteten Realität ist. Er zieht dann Schlüsse daraus und prüft nach, ob sich wenigstens einige von diesen in der Erscheinungswirklichkeit der objektiven Tatsachen wiederfinden, wie diese von dem Spezialisten der Wissenschaft, die er untersucht, gesammelt worden sind.

2. Dann untersucht er im Gegensatz hierzu, *worin* sich diese Analogie, die er sich vorgenommen hat, von der Wirklichkeit entfernt, sei es daß keine grundsätzliche Entsprechung besteht, sei es daß diese nur ein einfaches dichterisches Bild anstelle einer tiefgehenden Analogie ist. In jedem Falle wird er untersuchen, *warum* sie falsch ist, und so eine geistige Disziplin auf das fruchtbare Spiel der Bilder wirken lassen.

3. Wenn er annimmt, daß das Bild gültig ist und damit auf die Stufe der Analogie gehört, wird er nun untersuchen, ob die Erscheinungen, die er außer acht gelassen hat, quantitativ genügend bedeutend sind, daß sie das Bild des Hauptphänomens wesentlich verändern. Er macht sich so den heuristischen Wert der Analogie bewußt. Wenn diese *Bedingung der Prinzipalität* erfüllt ist, haben die Eingangs- und Ausgangsvariablen des Modells die gleichen Variabilitätsbereiche wie die beobachtete Realität, und ihre Veränderungen haben die selben Ordnungsgrößen.

Er stellt dann unter Anwendung anderer Methoden aus dem Schatz der experimentellen Wissenschaft fest, ob die Randerscheinungen seines ursprünglichen Bildes, die er anfänglich beiseite gelassen hatte, sich durch Mechanismen erklären lassen, die von der Haupterscheinung verschieden sind, aber auf den gleichen Analogieelementen, den gleichen Prinzipien der "Angleichung" oder auf den gleichen "eingebildeten" Verkettungen beruhen. Er untersucht, ob diese sich auf irgendeine Weise mit dem ihnen vorausgehenden Hauptbild kombinieren lassen oder ob sie unter Umständen ganz einfach an seine Stelle treten müssen. In diesem Stadium besitzt er einen gültigen Analogievergleich.

4. Er untersucht, bei welchem Maßstab (z.B. statistische Größen) die Analogie volle Gültigkeit erlangt und welche die Variationsbreiten dieser Größen sind *(Gültigkeitsbereich)*, jenseits derer die untersuchte Erscheinung ihren Charakter ändert und andere Analogien erfordert. Damit bereitet er Strukturuntersuchungen auf anderen Ebenen vor.

5. Nun entwickelt er die angenommene Analogie in dem Haupt-
feld, von dem er ausgegangen war, wobei er es sich zur Regel
macht, seine Beschreibung in allen Stadien auf Mechanismen zurückzuführen, für die er reale Beispiele kennt und die er lückenlos
rekonstruieren kann. Er bemüht sich, diese Mechanismen zu verein-
fachen und zu verallgemeinern und insbesondere sie graphisch darzustellen, ähnlich wie Vorgänge, die in Programme für eine Rechen-
maschine umgesetzt werden sollen.
6. Die Darstellung und detaillierte Beschreibung des angenommenen
Modells ist schon allein das erste wichtige Ergebnis, das diese Methode liefert, jedenfalls in dem Maße wie sie einen integrierenden
Faktor für verschiedene Begriffe liefert, d.h. eine Denkersparnis, in
der viele gegensätzliche Tatsachen in großer Zahl auf eine kleine
Anzahl von Wesenheiten zurückgeführt sind, nach dem bekannten
Knickerigkeits-Prinzip (Prinzip Ockham), daß "entia non sunt mul-
tiplicanda praeter necessitatem". Damit ist eine qualitative Sprache
und ein Weg gegeben, auf die untersuchte Tatsache einzuwirken:
ein Mittel, die Wirklichkeit zu begreifen. Man "spielt" dann mit
dem Modell, indem man die Eingangsgröße sowie ihre Parameter
verändert, und bedeckt dadurch eine volle Bezeichnung des simu-
lierten Phänomens der Funktionierung.
7. Es ergibt sich aber aus der Untersuchung des Modells sofort
eine Reihe von Fragen, die es zu beantworten oder zu präzisieren
gilt und die von der neuen Erkenntnis, die das Modell geliefert hat,
zu neuer experimenteller Arbeit und einem neuen Anfang im Kreislauf der Forschung führen.

Unsere Studie befaßt sich also mit der Entwicklung eines Modells,
dessen Charakter als grundsätzlich mechanistisch bezeichnet werden kann: mit dem *soziokulturellen Zyklus*.


## 3. Hypothesen

Die vorliegende Arbeit beruht in ihrer Gesamtheit auf einer Anzahl heuristischer Hypothesen:

a) Es wird angenommen, daß die hier beschriebenen Vorgänge von
der Art sind, wie sie ein außerhalb des beschriebenen Systems ste-
hender Beobachter beschreiben kann. Diese Bemerkung, die bei der
Untersuchung eines physikalischen Vorgangs banal erscheinen kann,

nimmt erhebliche Bedeutung in der Soziologie an, wo der Beobachter einer Gesellschaft und damit einem Kommunikationsnetz mitangehört. Das ist im kulturellen Bereich die Entsprechung der berühmten Feststellung von *Durkheim:* "Erscheinungen wie Dinge zu behandeln". Der Beobachter abstrahiert sich von dem Augenblick an von der Kommunikationskette, wo er sie beschreibt. Vor allem aber drückt er sich in bezug auf diese Kette in einer "Metasprache" aus, die vom Kode und Repertoire der kommunizierenden Individuen unabhängig ist.

b) Es wird angenommen, daß zwischen den Mechanismen des Geistes im Inneren eines Menschen und den kollektiven Mechanismen im Inneren einer sozialen Gruppe eine Übereinstimmung besteht. Diese Arbeitshypothese hat sich in der Soziologie oft, zumindest als Ausgangsposition, als sehr fruchtbar erwiesen.

c) Endlich ist es nicht möglich, von "der Kultur" oder "einer Kultur" zu sprechen, ohne ausdrücklich ein statistisches Vorgehen als Arbeitsmethode anzunehmen. Die Wissenschaft befaßt sich nur mit dem Allgemeinen; damit ist ihr Standpunkt schon nach der Definition der Bemühung um eine erschöpfende Summe einzelner Tatsachen, wie sie das Ideal des Historikers darstellt, entgegengesetzt. Damit ist man aber genötigt, die Grundhypothesen der Statistik anzunehmen und vor allem bei allen Experimenten in diesem Bereich von einem Prozeß des *Sampling* auszugehen, was die Möglichkeit der Herstellung einer manipulierbaren, für ein Ganzes repräsentativen *Auswahl* voraussetzt, wobei sich deren repräsentative Eigenschaft auf bestimmte, fixierbare Regeln gründet.

d) Der für die vorliegende Studie angenommene soziale Rahmen ist der des Abendlandes oder, besser gesagt, der "Fernwest-Zivilisation", da dieselbe zur Zeit von Wladiwostok bis Tokio die Welt beherrscht und ebenso durch New York, Berlin oder Moskau illustriert werden kann. Diese Zivilisation nähert sich mehr und mehr dem Modell einer Überflußgesellschaft, der sogenannten "affluent society" *(Galbraith).*

*I. Kapitel*

# Der Begriff "Kultur"

> La culture ne sauve rien ni personne,
> elle ne justifie pas. Mais c'est un
> produit de l'homme: il s'y projette,
> s'y reconnait; seul, ce miroir critique
> lui offre son image.
>
> J.-P. Sartre

## 1. Was ist Kultur?

Es ist eine wesentliche Eigenschaft des Menschen, daß er in einer
Umgebung lebt, die er sich selbst geschaffen hat. Die Spuren, die
dieses künstliche Milieu im Geist eines jeden Menschen hinterläßt,
bilden das, was wir "Kultur" nennen — ein Begriff, der so sehr mit
den verschiedensten Werten belastet ist, daß seine Rolle von einem
Autor zum andern beträchtlich wechselt und man für ihn mehr als
250 Definitionen gezählt hat. Der Inhalt dieses Wortes selbst ändert
sich mit der Zeit, dem Ort und der Art der Gesellschaft, die man
untersucht, was eine *Soziologie* der Kultur impliziert, und über diese hinaus eine Dynamik der Kultur. Die Kultur erscheint also wie
die "Möbilierung" des Gehirns jedes einzelnen und zu jedem Augenblick, und zwar noch ehe sie die Struktur unseres Wissens innerhalb einer Gruppe geworden ist. Man spricht gern von "westlicher
Kultur", von "humanistischer Kultur" u.ä.m. mit impliziertem Bezug auf eine Art Knochengerüst unseres Wissens, den wahrschein-
lichsten *Weg* des Denkens in einer Untermenge, sei es das Abendland, die Ming-Zeit, das Jahrhundert Descartes' oder das 20. Jahrhundert.

*Die Kultur ist nicht das Denken,* das selbst einen aktiven Prozeß
darstellt, sondern das Denken entspringt aus und nährt sich von
der Kultur und besonders von einer Art Kombination der Wissenselemente, die schon in der Erinnerung jedes einzelnen inkorporiert
sind. Man hat diese Elemente "Semanteme" genannt, Elemente der
Bedeutung oder der Form (Gedankenatome), die der Intellektuelle,
der Ideen erzeugt, auf eine mehr oder weniger kunstvolle Weise
miteinander verbindet, oder "Morpheme", die der Künstler in sei-

nem Werk verarbeitend kombiniert. Die mehr oder weniger große
Gewandtheit in der Herstellung solcher Verbindungen entspricht
dem, was der Psychologe im allgemeinen "Einbildungskraft" nennt.
Kurz gesagt ist die Kultur das notwendige Material des Gedankens;
sie ist wie ein Erworbenes, wie ein Inhalt, wie ein Bestehendes in
Beziehung auf das Geistesleben. Als Material des Gedankens stellt
die Kultur dasjenige dar, *was ist,* der Gedanke das, was man *daraus
macht:* der Gedanke ist das Werden der Kultur. Sie bietet dem Beobachter zwei Dimensionen: ihre *Ausdehnung* und ihre *Dichte,* wobei der Ausdruck "Dimension" hier im logischen Sinne von "in
einem Kontinuum meßbar" gebraucht wird. Die Ausdehnung ist
also eine einzige Dimension, die, wie in einer tiefergehenden Analyse festzustellen wäre, noch andere in sich enthalten kann. Die Kultur stammt aus der sozialen Umwelt, teils durch *Erziehung,* teils
durch *Imprägnierung,* und dies durch Vermittlung jener Neuan-
kömmlinge in der geistigen Welt, nämlich der Massenkommunikationsmittel, die die wichtige Verbindung zwischen dem menschlichen
Individuum und seinem Milieu bilden.
Die Suche nach Definitionen ist an sich eine autonome Methode
zur Untersuchung; denn die Vieldeutigkeit einer Definition reflek-
tiert für alle abstrakten Begriffe einen Tatbestand, der sich auf das
definierte Objekt erstreckt. Die scholastische Tradition machte im
Gefolge der Geometrie die Suche nach Definitionen zu einer Vorbedingung für alles Wissen. Die moderne Gedankenwelt ist in dieser
Beziehung weniger anspruchsvoll: es erscheint nicht mehr so grundsätzlich notwendig, die Worte, die man gebraucht, zu definieren,
um über sie korrekte Behauptungen aussprechen zu können, das
heißt Behauptungen, die folgerichtige Handlungen auslösen können
— es handelt sich hier um die Übertragung der "operationellen
Konzeption" von *Bridgman* auf den Bereich des Denkens. Die Definitionen, mit denen sich der Pragmatiker zufrieden gibt, sind Beispiele für "Anwendungen" des zu definierenden Wortes. Da sie
nicht Ausführlichkeit vorgeben, laufen sie auf eine Serie von exakten, d.h. kohärenten Behauptungen hinaus, deren "Residuum" oder
gemeinsamer Nenner das definierte Wort ist. Dieser Typ Definition
ist "offen", das heißt er ist mit der ganzen Entwicklung der Sprache
verbunden und darum besonders interessant für abstrakte Begriffe
wie "Kultur". Die offene Definition hat eine unbegrenzte Länge;
sie ist *konvergierend* und erreicht geometrische Exaktheit erst, wenn
das Wort in allen seinen Bedeutungen erschöpft ist.

Man könnte infolgedessen die Suche nach einer Definition für das
Wort "Kultur" ablehnen und ganz legitim behaupten, daß ein so
allgemeiner Begriff in dem speziellen Vokabular des Autors erst
durch die Gesamtheit des Werkes definiert wird, welches er darüber
schreibt. In der Tat ist einer der wichtigen Begriffe, die die Geisteswissenschaften den Naturwissenschaften vermittelt haben, der der
"unbestimmten Phänomene", die man beobachten, aber nicht definieren kann, weil sich das Phänomen im Verlaufe seiner Definition
verliert. Diese Idee wurde später von *Zadeh* mit dem Ausdruck
"fuzzy concepts" umschrieben.

## 2. Die humanistische Kultur und ihr Niedergang

Das Wort "Humanität" im Sinne von innerer Bildung ist formell
im 17. und 18. Jahrhundert geprägt worden, um die Konzeption
eines kultivierten Menschen zu bezeichnen, der weitreichende
Kenntnisse über den größten Teil der Tätigkeiten seiner Zeitgenos-
sen besitzt. Diese Kenntnisse mußten durch das Studium der freien
Künste und der alten Sprachen erworben werden, mit der impliziten,
durch die modernen Untersuchungen bestätigten Hypothese,
*daß die Worte vor den Ideen existieren* und sich mit ihnen decken.
Die Grundlagen unserer westlichen Gesellschaft basieren durch Trägheit immer noch auf dieser humanistischen Konzeption, die unsere
Anschauung von der Kultur verfälscht. Wenn uns diese Konzeption
des Humanismus trotz ihrer Veralterung gegenwärtig bleibt, so deshalb, weil wir das ungewisse Bedürfnis nach einer Art kultiviertem
Menschen verspüren, der ohne sich um technische Einzelheiten zu
kümmern — was andere vielleicht besser als er können — die Fähigkeit, Entscheidungen zu treffen, unter Beweis stellen kann. Dieser
Begriff "humanistische Kultur" ist viel gebraucht worden. Ist doch
die humanistische Kultur eine Epoche in der Entwicklung gewesen,
zu der man über eine wohldefinierte Doktrin des Wissens verfügte.
Sie bestätigte vor allem die Existenz einer *Begriffshierarchie* von
wesentlichen  Themen des Denkens im Gegensatz zu weniger wichtigen Themen und den kleinen Elementen des alltäglichen Lebens.
Sie stellte also zunächst einen Ordnungsplan unserer Konzeptionen
auf, was die Existenz "allgemeiner", integrierender Konzeptionen
bedingte, aus denen sich beliebig zitieren läßt: der Gebrauch der
Sprache, die Erwerbung der Schrift, die Elemente der Geometrie

und des rationalen Denkens, der Syllogismus, der Satz des Pythagoras, die Fähigkeit, das Definierte durch die Definition zu ersetzen, etliche allgemeine Ideen über das Universum, Zitate, gesellschaftliche Verhaltensgrundsätze usw. Von diesen Begriffen erster Ordnung unterschieden sich Begriffe zweiter Ordnung, *"sekundäre"* Begriffe, die auf die ersteren abgestimmt waren.

Dadurch wird eine Wahrnehmung auf ein strukturiertes Netz von Kenntnissen bezogen, auf eine Art Straßennetz des Denkens mit Knotenpunkten des Wissens (Begriffsschnittpunkte), jene Schlüsselbegriffe, auf die wir beim Denken immer wieder zurückfallen. So behauptete die kartesianische Struktur des Wissens: Hier sind ein paar große Linien, laßt uns jetzt unsere Überlegungen in Ketten einteilen, deren Elemente alle einfach, leicht faßlich und offensichtlich sind, das heißt: Laßt uns einen spezifischen Gedanken auf ein Modell, eine allgemeine Struktur, eine bestimmte Anzahl Elemente zurückführen. Es handelt sich also um eine Art Leinwand des Wissens, auf die sich unsere Wahrnehmungen projizieren, ein gewebtes Netz, einem Spinnennetz ähnlich.

Wenn nun eine neue Idee auftrat, so war es das Ziel der "humanistischen" Wissenschaften, von deren Erbe wir heute noch leben, uns eine bestimmte Anzahl *Verfahren* zu liefern, mit denen man einen Begriff auf relativ einfachem Wege verstehen und einordnen konnte. So verbinden sich Idee, Wahrnehmung, Tatsache mit diesem oder jenem Punkt, dann mit einem weiteren, und treffen auf einen Begriffsknotenpunkt, der bereits mit den übrigen verbunden ist. Das humanistische Denken erlaubte also, eine Struktur durch eine derartige topographische Einordnung zu begreifen. Aus dieser Vision der Kultur resultierte eine erzieherische Methode, die "humanistischen Wissenschaften". Unsere Meister, durchdrungen von dem von ihnen übernommenen logischen Denken (*Descartes, Leibniz*), sagten also: Um jemand zu einem kultivierten Menschen zu machen, wollen wir ihm einige Begriffsschnittpunkte beibringen: die Prinzipien der Geometrie, die Grundelemente des Lateinischen oder lebender Fremdsprachen, große philosophische Ideen usw., dann wird er über einen Faden der Ariadne verfügen, über eine Wegbeschreibung, eine Gebrauchsanweisung, die es ihm erlaubt, die Ereignisse zu begreifen, zu beurteilen, zu messen, geistig im Verhältnis zu den übrigen einzuordnen, in der Einrichtung seines Gehirns einen gut vorbereiteten Platz für sie zu finden.

Es war die Rolle der Enzyklopädisten, die Bilanz der humanistischen

Zivilisation zu ziehen und die gedanklichen Mittel zu schaffen, das
Universum als ein Total zu sehen, womit ein Werkzeug für die erste industrielle Entwicklung gegeben war. Die Enzyklopädie mit
ihrer alphabetischen Klassifikation, ihren Definitionen, Beispielen
und endlich ihrem "enzyklopädischen Teil", bezog sich implizit
auf diese humanistische Auffassung des Bezugsschirms, indem sie
in der Definition eine Anzahl allgemeiner Begriffe mitverwandte
und das definierte Wort in einem Spiel von konvergierenden Wahrscheinlichkeiten aus der Definition ausschloß.

Durch die Herausbildung einer durch die Wissenschaft hervorgeru-
fenen neuen Vorstellung vom Universum, erscheint diese Konzeption jedoch nunmehr hinfällig. *Paul Valéry* hat bemerkt, daß ein
moderner Mensch daran gewöhnt ist, mit einer Fülle von Gegen-
sätzen zu leben, die sich im Halbschatten seiner Gedankenwelt befinden. Sie ermessen, ob ein Ideal in der erlebten Wirklichkeit Wur-
zel fassen kann, und das ist der Zustand, der ihn zum modernen
Menschen macht. Niemand mehr kann eine wirkliche humanistische
Kultur leben, selbst wenn er den Wunsch und die nötigen materiellen Mittel dazu hat. Die humanistische Kultur ist nunmehr veraltet,
und zwar in der Hauptsache aus zwei Gründen:

1. Der "enzyklopädische" Standpunkt beruht auf einer quantitativen
Funktion des Wissens, die durch die natürlichen Möglichkeiten des
menschlichen Gehirns begrenzt ist. Der menschliche Geist steht allein vor einer Summe von Kenntnissen, die stetig wächst, und es
gibt kein gemeinsames Maß mehr für seine Fassungskraft und das,
wovor er gestellt ist. Dadurch ist er zur Oberflächlichkeit verdammt.

2. Man nahm an, daß der Mensch durch eine vertiefte Kenntnis der
alten Sprachen in den Bereich der Ideen vordringen und den größeren Teil der Objekte erkennen könnte, die sich hinter den Worten "verstecken". Man bezog sich also in Wirklichkeit auf eine
"philologische Kultur". Die in den deutschen Universitäten verbreitete Anschauung von der Philologie als erzieherischer Methode
gründete auf dem gleichen Gedankengang. Der junge Student lernte
die Geschichte und das Leben der Worte kennen und kam so durch
ihre *Vermittlung* in Kontakt mit dem Leben. "Das Wort", *sagte
Thomas Mann,* "ist das Leben selbst".

Die Struktur unseres Denkens hat sich inzwischen tiefgreifend geändert. Die Psychologen, die den Inhalt der sozialen Botschaften analysieren, erkennen, daß z.B. die Erziehung auf dem Gymnasium —

ein Lebensabschnitt der humanistischen Erziehung par excellence —
in der Wirklichkeit des Lebens für den größeren Teil der Menschen
wenig Bedeutung hat. Die Elemente in der Einrichtung des Gehirns
sind für den Mann auf der Straße viel eher die Plakate an den Lit-
faßsäulen; das, was er am Vortag am Rundfunk gehört oder auf
dem Bildschirm gesehen hat; der letzte Film, den er besucht hat;
die Zeitung, die er auf dem Weg zur Arbeit liest; die Unterhaltungen und Schwätzchen mit den Kollegen im Büro usw. Dagegen ist
das, was er in der Schule gelernt hat, ein undeutlicher Nebel von
vergangenen Begriffen. Seine Schlüsselbegriffe, die integrierenden
Ideen in seiner Wahrnehmung der Tatsachen und der Dinge empfängt er auf einem *statistischen* Wege, der vom Weg der rationalen
Erziehung sehr verschieden ist. Diese rationale Erziehung mit ihrer
hohen Kohärenz ist aber diejenige, an deren Tugenden er noch immer glaubt. Das Autodidaktische in dem von den Massenmedien be-
rieselten Feld beherrscht die strukturierten Residuen einer formalen Erziehung.

Die Invasion unseres täglichen Lebens durch die Technik manifestiert sich
durch deren Einfluß auf die kulturellen Kommunikationsmittel, und darunter vor allem auf die Sprache. Wenn vor den Ideen die Worte die Instrumente
der Kultur sind, wie es uns die Experimentalpsychologie lehrt, dann bietet
die Entwicklung des Wortschatzes und seiner Ausdehnung seit dem Beginn
der technologischen Ära einen Zugang zur Untersuchung der Tendenzen unserer Kultur. Die traditionelle Erziehung vermittelte den Eindruck, daß der
Einzelne zuerst "eine Idee hatte" und dann später die Worte fand, um sie
auszudrücken. Von jetzt ab ist das Denken vom Gebrauch der Worte nicht
zu trennen; der Prozeß der geistigen Tätigkeit bedingt zunächst den Erwerb
von "leeren Worten" durch Vermittlung der Massenmedien, durch die von
*Bachelard* beschriebene *Logosphäre*. Und später, nach und nach, nehmen diese Worte eine gewisse Menge von Sinn an, werden von ihr genährt, koordi-
niert und mit einer *"Konstellation von Attributen"* umgeben, die das "echte"
Wissen ausmachen, damit der Einzelne allmählich lernt, sich seinerseits ihrer
in kontrollierbaren Aussagen zu bedienen. Daher die Bedeutung, die eine Soziodynamik der Kultur von Anfang an dem Wortschatz als Rohmaterial des
diskursiven Denkens beimißt. Um einen Kern von seit Jahrhunderten unver-
änderten Grundworten und um ein Randgebiet von Worten, die sich mit dem
Sprachgebrauch ständig verändern und von denen das autonome Leben der
Sprache abhängt, entwickelt sich eine ungeheure Menge von Worten, die die
Fassungskraft des einzelnen Individuums weit übersteigt, mit der Einschränkung, daß er auf einem genau umschriebenen Sektor, nämlich dem seiner
beruflichen Tätigkeit, zu einer bemerkenswerten Beherrschung des "technischen Wortschatzes" gelangen kann. Dieses Vokabular, das weder veraltet
noch fundamental ist, besitzt einige spezifische Eigenschaften, insbesondere:

1. eine relative Internationalisierung, indem die Worte weitgehend aus grie-

chischen und lateinischen Wurzeln abgeleitet sind;
2. eine deutliche Stabilität, indem diese Worte weniger leicht ihren Sinn ändern als die der Umgangssprache;
3. eine Zuwachsrate, die in direkter Beziehung zu dem besonderen Bereich derjenigen Wissenschaften steht, zu dem sie gehören.

Der Gebrauch, den der Einzelne von diesem Wortschatz macht, bildet den Kernpunkt für die Theorie der Sprache und scheint durch eine fundamentale Dialektik zwischen den Tendenzen des Individuums zur *Exaktheit* und zur *Bequemlichkeit* bestimmt zu werden, was als das "Prinzip der geringsten Anstrengung" bezeichnet wird. Z.B. kann man in einem wissenschaftlichen Text vier Arten von Worten unterscheiden:

1. Gebrauchsworte, die logische Beziehungen herstellen, wie z.B.: und, oder, nicht, dann, weder, aber, denn, für, von, in usw. – insgesamt weniger als 100.
2. Worte der Umgangssprache (z.b. reden, tun, denken, er, wie usw.), deren Sinn man letzten Endes intuitiv kennt. Sie sind Bestandteil der Sprache, die allen Menschen gemeinsam ist. Gewiß hat jedes von ihnen eine Vielzahl von Bedeutungen, aber man findet sich in diesem Durcheinander zurecht, weil man schließlich sprechen kann. Die Polysemie dieses Wortschatzes ist erheblich und für das Leben der Sprache wichtig (wir erinnern daran, daß die Zahl der Bedeutungen eines Wortes gleich der Quadratwurzel der Häufigkeit seines Gebrauchs ist).
3. Wissenschaftliche Worte allgemeinen Charakters, die einen von der Umgangssprache verschiedenen Sinn haben, oder die die Wissenschaftler in einem präziseren und besser abgegrenzten Sinn verwenden. Diese Worte (z.B. Arbeit, Information, Logarithmus, Entropie, Analyse, Karte, Sinus, Spannung, Elektron usw.) bilden den Grundbestand des wissenschaftlichen Wortschatzes. Sie werden ständig gebraucht, obwohl uns ihre Definition gelegentlich entgeht. Dieser Wortschatz ist beschränkt mehrdeutig: seine Worte haben eine endliche Anzahl a priori verzeichneter Bedeutungen.
4. Schließlich der technologische Wortschatz, dessen Worte nicht vertraut sind, aber einen ganz präzisen, eindeutigen Sinn haben. Diese Worte erscheinen oft eher als Bezeichnungen denn als Werkzeuge (z.B. Anthrachinon, Mikrogal, Enantiomorphie usw.). Ihr Verständnis reduziert sich auf eine einfache Übereinstimmung: das Wort ist anstelle der Sache da, es ist ihr "Zeichen".

## 3. Die Evolution der modernen Gedankenwelt: aleatorisches Wissen und Mosaikkultur

Das aristotelische Wissen, das bis zum Beginn des technologischen Zeitalters das Grundsystem für die Assoziation der von der Wissenschaft gefundenen Begriffe gebildet hatte, ist heute nicht mehr gültig. Unsere geistige Struktur spiegelt die uns umgebende Welt wider, und diese ist grundsätzlichen Veränderungen unterlegen, die unvermeidlich in unserer Kultur ihr Echo finden müssen. Der Unterricht

bis zum 20. Jahrhundert verfuhr nach einer Art "Stufenleiter":
Ausgehend von einem Kern von Grundvorstellungen, die er im Laufe
der Erziehung erworben hatte, integrierte der Geist neue Begriffe
durch eine Art logische Verbindung, die um so weniger allgemeine
Züge annahm, als sich das Grundwissen dem hinzugekommenen
Wissen annäherte. So war es möglich, die Welt in bestimmte Kategorien zu ordnen, die einander untergeordnet waren, ein Verfahren,
das sich in den vielfältigen Bemühungen um Enzyklopädien und
Klassifizierungen der Wissenschaften widerspiegelt. Von jetzt ab
haben die logischen Unterordnungen, auf denen sich unser Erzie-
hungssystem so stützt, als wären sie noch immer gültig, keinen Wert
mehr. Wir entdecken die Welt, die uns umgibt, durch Zufall, durch
einen Prozeß von *Versuch und Irrtum,* und die Tatsache, daß wir
eine Anzahl exakter Informationen über ein Werk besitzen, bedeutet nicht, daß wir auch die gedankliche Grundstruktur besitzen, die
es voraussetzt. Wir entdecken gleichzeitig den Grundsatz und die
Ergebnisse, je nach den Zufällen unserer eigenen Geschichte. Unsere Gesamtkenntnisse sind statistischer Art. Sie stammen aus dem
Leben, aus Zeitungen, aus Gegebenheiten, die wir in Funktion unserer unmittelbaren Bedürfnisse auswählen. Erst nach dem Erwerb
einer bestimmten Menge von Informationen zeichnen sich bestimmte Strukturen ab. Die Frage, ob dieser Zufallsprozeß wünschenswert
ist oder nicht, ist rein akademischer Natur. Er funktioniert, und
der größere Teil unserer erfolgreichen Handlungen werden von aleatorisch entstandenen Kenntnissen der beschriebenen Art geleitet.
Um diese Veränderung in den Mechanismen unserer Ideenassozia-
tionen auszudrücken, wollen wir das Bild eines "Bildschirms" aufnehmen, den sich der Einzelne selbst erwirbt, und den wir *"Kulturtabelle"* nennen wollen, in einem ähnlichen Sinne, wie der Begriff
von *Alphons Silbermann* verwandt wird (in: Musik, Rundfunk und
Hörer, Köln und Opladen 1959, S. 182-191).
Der kognitive Akt des klassischen Humanismus, der in hohem
Maße kartesianisch war, machte ausgedehnten Gebrauch von einer
mehr oder weniger logischen Deduktion und von schlüssigen formel-
len Denkprozessen. Er schritt von einem Punkt des Netzes unserer
Kenntnisse zum anderen durch eine Reihe streng untereinander ver-
bundener Etappen fort, und man könnte die Textur dieses Netzes
logischerweise mit der eines Gewebes vergleichen, insofern es Leit-
fäden enthielt. Mit dem Fortschritt der Erziehung — so glaubte
die humanistische Erziehung — wird das Gewebe dichter, der Stoff

fester und bildet einen widerstandsfähigen und genauen Rahmen.
Seither hat sich die Struktur dieses Gewebes gewandelt und tendiert eher, um in unserem Bild zu bleiben, in Richtung eines fa-
serigen Agglomerats, eines *Filzes.* Die Fragmente unseres Wissens
sind ungeordnete Brocken, die durch die bloße Nachbarschaft zufällig miteinander verbunden sind. Dabei bedeutet Nachbarschaft
z.B. die gemeinsame Erwerbszeit, eine Assonanz oder eine Ideen-
verbindung, die allesamt zwar keine genaue Struktur liefern, wohl
aber eine *Kohäsion,* die ebenso wie die vorher erwähnte logische
Beziehung einer Kulturtabelle eine gewisse Dichte sichern kann,
d.h. eine Art *Kompaktheit,* die genau so groß ist wie die des Wis-
sensgewebes, das die humanistische Erziehung uns lieferte. Wir werden eine solche Kultur im folgenden "Mosaikkultur" nennen, da
sie sich im wesentlichen als aleatorisch entstanden erweist; als eine
Anhäufung von Fragmenten durch Nebeneinanderstellung ohne
Konstruktion und ohne Anhaltspunkte, wo keine Idee notwendig
allgemeingültig ist, aber viele Ideen wichtig sind (Anstoßideen,
Schlüsselideen usw.).
Sie ist das Residuum des Stroms von Wissenselementen, die wir jeden Tag empfangen: einer dauernden, ungeordneten, überfließen-
den, vom Zufall geleiteten Information. Die Wege, auf denen sie
uns erreicht, sind die Massenkommunikationsmittel, eine Vielfalt
von Mitteln, die auf uns einwirken, deren Masse uns überschwemmt
und von denen uns nur vorübergehende Einflüsse, Wissensbrocken,
Ideenfragmente zurückbleiben. "So bleiben wir an der Oberfläche
der Dinge", lassen uns zufällig durch Tatsachen beeindrucken, die
mehr oder weniger lebhaft auf unseren Geist einwirken, wir machen
keinerlei Anstrengung und treffen keine Auswahl mehr. Das einzige allgemeine Element, das in dieser Textur auftritt, ist der Begriff der mehr oder weniger großen *Dichte* des Wissensnetzes. Kurz
gesagt, die Kultur ist als Kern der Kenntnisse zum größten Teil
nicht mehr durch Erziehung gesichert, sondern durch Massenkommunikationsmittel: Heutzutage erwirbt der Einzelne das, was er in
die Textur seines Geistes eingliedert, weit mehr durch die Imprägnierung des Geistes, der in der Sphäre der Botschaften eingetaucht
ist, als durch den rationalen Prozeß der Erziehung, der zwar geord-
neter und methodischer ist, ihn aber nur während eines begrenzten
Zeitabschnitts in seinem Leben beeinflußt. Die Schule des Lebens,
die Autodidaktik, sticht die eigentliche Schule aus; denn vom Leben selbst erwarten wir die Mehrzahl der nützlichen Kenntnisse,

womit zugleich das Versagen der Erziehung für den modernen Menschen festzustellen ist. Es besteht heute eine *Dissonanz* zwischen Leben und Erziehung, die weiterbestehen wird, solange die Massenmedien das wichtigste Element der Kultur darstellen.

Der Begriff "Kultur" hat also für den Soziologen zwei Aspekte: einen persönlichen und einen kollektiven. Jeder Teil der menschlichen Gesellschaft besitzt eine "Kultur", je nach dem Maßstab der Benutzer: man spricht von der westlichen Kultur, der germanischen, der mediterranen oder derjenigen geschichtlicher Epochen. Es handelt sich hierbei um *Mikro-Kulturen,* die ihre Bedeutung zu einer Zeit verlieren, wo die Kommunikationen Denken und Geschichte nivellieren. Am anderen Pol des Gegensatzes von Gesellschaft und Individuum spricht man von der *individuellen Kultur* und meint damit die Summe der Erziehung und Erfahrungen jedes Einzelnen auf dem Gebiet des Wissens. So wird man an den "kultuvierten Menschen" erinnert, an den "Gelehrten" oder an die "wissenschaftliche Kultur".

Wir haben als Arbeitsgrundlage die Kultur als Möblierung des Geistes definiert. Was ist nun die Rolle dieser Ausstattung im sozialen Leben? Zunächst die einer *Integration* der jeweiligen Wahrnehmungen, schließlich auch der maßgebliche Einfluß auf eine Handlung. Wir empfangen die Botschaften, die sich unseren Sinnen darbieten, sind aber zugleich im Besitz einer bestimmten Ausstattung unseres Geistes. So wird das Bild der Objekte unserer Umgebung von unseren Augen aufgenommen, dann "zurückprojiziert" (und dieser Vorgang ist es, den man Wahrnehmung nennen kann) auf eine Art Bildschirm, der aus der Gesamtheit unserer Kenntnisse a priori besteht, die der empfangenen Botschaft ihren Wert, ihre Bedeutung und ihre Wichtigkeit verleihen. Diese Integration ist *der erste Arbeitsgang des Denkens.* Wir werden diesen Bildschirm von Kenntnissen a priori *"persönliche Kultur"* nennen.

## 4. Der Aufbau der Ideen und das Maß der Kultur

Die Kraft der Kultur ist demnach in der Hauptsache mit *Wahrscheinlichkeiten von Assoziationen* verkettet. Sie ist zugleich die Dichte und die Ausdehnung jenes Bildschirms von Kenntnissen, auf den der Einzelne seine Eindrücke projiziert und Wahrnehmungen aus ihnen konstruiert. Die Kultur verbindet sich mit den Ato-

men des Denkens, z.B. mit den Worten, die Träger des Denkens
sind, jedoch auf doppelte Weise: durch die *Ausdehnung* des Wortschatzes und die *Fruchtbarkeit* seiner Elemente. In diesem Zusammenhang ist es nützlich, zwei allgemeine Typen von Assoziations-
weisen zu unterscheiden, die mit der Art und Weise verkettet sind,
wie das Gehirn die Worte gebraucht. Der erste vollzieht sich auf
fast geometrische Weise. Das Wort oder Semantem stellt sich als
ein Würfel oder eine Säule in einem Bauspiel dar, und außerhalb
des dichterischen Gebrauchs — dessen Eigenart eben die ist, daß
er die konventionellen Konstruktionsweisen zurückweist — stellen
sich die Worte nach genau definierten Kombinationen zusammen.
"Emphyseme", "tetrachorisch", "Korrelatogramm" sind Worte dieser Art, sind "Fliesen", die in einem bestimmten Muster zu legen
sind, und dem Fliesenleger steht nur eine begrenzte Anzahl gülti-
ger Kombinationen zur Verfügung. Im zweiten gibt es im Gegenteil
"flexible" Worte, die einigermaßen elastisch sind und gleichsam
Haken nach allen Gebieten des Wortschatzes ausstrecken. Diese
Worte haben oft mehrere Definitionen. Worauf es hier aber ankommt, sind die Leichtigkeit und der Reichtum ihrer assoziativen
Kombinationen.
Der atomistische Standpunkt, den wir anfangs als Arbeitshypothese angenommen haben und der uns während des ganzen Ver-
laufs dieser Arbeit dienlich sein wird, nimmt letzten Endes an, daß
jede beliebige Methode einer Inhaltsanalyse kultureller Erzeugnisse
mit Bezug auf den zu untersuchenden Organismus die Existenz von
Repertoires von "Elementen" im weitesten Sinne feststellen muß:
Worte, Semanteme, Morpheme, Mytheme usw. sind solche Elemente, und man kann diese in einander untergeordnete Ebenen einteilen, da die Anzahl der Repertoires annäherungsweise festzustellen
ist.

Diese sehr allgemeine Definition bleibt rein theoretisch, solange die einfachen
Elemente, die Atome der Kultur, nicht selbst definiert und registriert sind.
Diese Arbeit fällt in das Ressort der Disziplin, die man "Inhaltsanalyse"
nennt. Wir können ihr in der vorliegenden Untersuchung keine längeren Aus-
führungen widmen, ohne von unserem Thema abzuschweifen, da die Analyse
der Atome unserer Kultur eher einer Statistik als einer Dynamik der Kultur
anheimfällt. So sei hier nur an die Arbeiten von *Propp* und *Lévi-Strauss* erinnert, die den Begriff der *Mytheme* als Elemente des legendären Gemeinguts einer Zivilisation gefunden haben, ähnlich wie die Arbeiten von *Saussu-
res* und *Troubetzkoys* im sprachlichen Bereich zum Begriff der *Semanteme*
geführt haben, deren genaue Beziehung zu den Worten die Linguisten noch

diskutieren. Ähnlich führen die Arbeiten über die figurative und nicht figurative Kunst und ihre Ästhetik zu in Schichten eingeteilten Symbolen oder Form-Atomen, Zeichen und Superzeichen, die man als *Morpheme* bezeichnen könnte, jedenfalls in dem Maße wie sie der schöpfersiche Geist zu einem Bild zusammenstellt, oder analog zu einer musikalischen Folge oder einem Schauspiel (Mimodram) usw.

Die vorhergehenden Bemerkungen führen zu einem theoretischen Maß für die Kultur. Die Kultur ist eine Funktion von zwei Faktoren, die zusammen statistisch wirken. Einerseits die zur Verfügung des Individuums gestellte Anzahl von Kulturemen (von Kulturatomen), die in seinem Gedächtnis sedimentieren, andererseits die Vielfältigkeit von Kombinationen, die er mit diesen Atomen bauen kann. Symbolisch dargestellt:

| C | = | [N] | [P] |
|---|---|---|---|
| Kultur | | Zahl von Kulturatomen | Gesamtzahl von allen möglichen Kombinationsarten |

Man wird also die *gelehrte Kultur,* welche die einfache Erweiterung des kulturellen Feldes durch Hinzugewinn neuer Elemente ist (in Form von Worten, Formen oder Zeichen, die der Organismus in seinem Repertoire speichert), von der *tiefen oder "kreativen" Kultur,* d.h. von der Dichte des Assoziationsgewebes unterscheiden, das sich im Denken des untersuchten Organismus (individuell oder sozial) zunächst bildet und dann in seiner Erinnerung festgehalten wird. Dieser Organismus kann ein einzelner Mensch sein — die Begriffe "Gelehrter" und "kreativer Mensch" sind aus der Gegenüberstellung von zwei Arten intellektuellen Gepäcks entstanden. Genauer gesagt, spaltet sich tatsächlich diese Kreativität in rein assoziative Kräfte, die sich auf Nahordnungsverbindungen stützen, und in reine Fernordnungskreativität, von der die "syntaktischen Strukturen" *Chomskys* ein gutes Beispiel sind, und endlich in einen hohen Grad innerer Kohärenz.

Dabei ist zu unterstreichen, daß der Gelehrte oft eine breite Bildung besitzt — Aristoteles, Leonardo da Vinci, Leibniz hatten im Verhältnis zu ihrer Zeit sehr ausgedehnte Kenntnisse —, daß aber der bloße Besitz einer breiten Bildung nicht notwendig eine intensive schöpferische Tätigkeit des Denkens im Sinne unserer Definition bedingt; denn das Denken kann sich auf die Nachvollziehung der innerhalb des gegebenen soziokulturellen Rahmens schon vorhandenen Verbindung beschränken und von diesen eine große Anzahl "besitzen", ohne doch deshalb neue Ideen und Verbindungen herzustellen. Andererseits kann der Organismus, auf den wir uns im Einklang mit der kybernetischen Methode beziehen, ohne seine Eigenheiten zu präsizieren,

nicht ein einzelner Mensch, sondern eine soziale Gruppe in ihrer Gesamtheit
sein, was zum Begriff einer *extensiven* Kultur (oder unkorrekt: Zivilisation)
und einer *intensiven* Kultur führt. So sind z.b. die Kulturen der Vorsokratiker in Griechenland oder die des Talmuds Beispiele für Kulturen, bei denen
die Intensität des Denkens und die Zahl der Assoziationen außerordentlich
groß sind. Im Gegensatz hierzu scheint die Kultur, die im 4. Jh. n. Chr. in
der Umgebung der berühmten Bibliothek in Alexandria geblüht hat, homo-
gen, aber nicht gelehrt gewesen zu sein. Ebenso erscheint die Kultur der rö-
mischen Spätzeit als eine extensive Kultur mit einer Tendenz zu Ideen, die
wie in einem Trödlerladen aus den vier Windrichtungen zusammengesucht
sind. Es scheint, als ob eine tiefe Kultur ein Minimum an Breite und Befruchtung von außen benötige, daß aber die Umkehrung dieser Feststellung
nicht notwendigerweise zutrifft: die "Bildung" kann einigermaßen passiv ein
ausgedehntes Repertoire von Kenntnissen und überkommenen Begriffen in
einem Wortschatz ansammeln, das mehr extensiv als intensiv ist.

## 5. Individuelle und soziale Kultur

Für ein gegebenes soziales System ist der Zugang zu Semantemen
verhältnismäßig leichter, da das Gedächtnis einer Gesellschaft aus
geschriebenen oder sonstigen materialisierten Botschaften besteht,
die in Raum und Zeit beständig sind (Dokumente, Bücher, Archive
usw.). Wir werden dementsprechend von Zweigen oder "Kanälen"
der Kultur sprechen müssen, von der Kultur der Schrift, des Films,
des Rundfunks usw. Gemäß der Terminologie der Informationstheorie werden wir den Begriff "Kanäle" für solche Bereiche der Kultur
vorbehalten, die von sich aus an eine materielle Verbreitungsart gebunden sind, wie etwa die Übertragung vom Sender an den Empfänger bei Rundfunk, Film und Schallplatte. Dagegen werden wir
als "Zweige" solche Bereiche der Kultur ansprechen, die eine bestimmte Form haben, sich aber über mehrere Kanäle erstrecken
können. So kann der Zweig des Geschriebenen über einen Kino-
oder Mikrofilm ebenso weitergegeben werden wie über ein Plakat,
ein Buch, eine Zeitschrift oder einen Fernsehschirm (Telefax).
Eine Untersuchung wie die unsere kann, wie in allen Zweigen der
Sozialwissenschaft, nur statistischen Charakter haben, und die durch
sie ermittelten Gesetze können nur in einem genau festgelegten
Maßstab gelten. So wäre es z.b. gefährlich, sich der Kultur eines Individuums der angelsächsischen Kultur anzunähern, weil das Individ-
duum ein Angelsachse ist; denn mit dem Maßstab ändern sich hier zugleich die Kategorien, und selbst die Art der Statistik, die man für
die eine und die andere Kategorie aufstellen kann, ist nicht die

gleiche. Es ist durchaus möglich, die angelsächsische Kultur statistisch durch Inhaltsanalyse zu untersuchen und sie als eine abgewogene Summe etwa von Shakespeare, Händel, The Times, Fish and Chips, Newton und ungezählten Tassen Tee darzustellen; man wird so eine Atmosphäre definieren und damit eine bestimmte Dichte, ein allgemeines Bezugssystem, vielleicht auch eine Sensibilität. Ebenso ist es möglich, von der "Kultur des Mr. Smith" zu sprechen, um in bezug auf sein Verhalten auf seinem Weg durch die Welt bestimmte Konstanten zu isolieren. Aber es wäre falsch, in der Kultur des Mr. Smith eine Art Mikrokosmos der angelsächsischen Kultur zu sehen; denn wenn es auch zwischen seiner britischen Nationalität und der Tatsache, daß er Shakespeare kennt, bestimmte Beziehungen gibt, so sind diese von Natur aus schwach und fragmentarisch.

## 6. Auf dem Weg zu einer kulturellen Dynamik

In einigen Fällen werden wir zwischen *lebender* und *überkommener* Kultur zu unterscheiden haben, wobei letztere sich im gemeinsamen Gedächnis der sozialen Gruppe, in der Gesamtheit der Bibliotheken, Schriften und Museen darstellt. Es sind statische Zeugen einer Epoche, aber Zeugen, die materiell vorhanden sind und befragt werden können. Dagegen ist die lebende Kultur ein Grenzgebiet von Neuerwerbungen und Möglichkeiten, noch unbestimmt, aber zu dauernder Verwirklichung drängend. Wenn wir z.B. von griechischer Kultur sprechen, so erscheint sie uns als vollständig überkommen, und der Forscher hat das Gefühl, daß er die Schleier der Vergessenheit beiseiteschiebt, um zum Licht der Ideen, der Tatsachen oder der Gegenstände zu gelangen, je nachdem ob er die Philosophie der Vorsokratiker, die Geschichte des Peloponnes oder die Archäologie von Kreta studiert. In jedem Falle aber sind diese Ideen, Tatsachen und Gegenstände seiner Forschungsarbeit vorgegeben. Man kann hier freilich mit Recht einwenden, daß es sich da um eine Illusion unserer Auffassungsweise handelt; denn nach der pragmatistischen oder idealistischen Methode sind "entdecken" und "erschaffen" synonyme Begriffe. Andererseits hat derjenige, der die überkommenen Kulturen studiert, eher das Gefühl, zu entdecken als zu erschaffen. Im Gegensatz hierzu schwankt derjenige, der das Grenzgebiet der lebenden Kultur untersucht, oft zwischen Entdek-

kung und Schöpfung. Denn wenn er z.B. diese oder jene Tendenz
der jüngsten italienischen Philosophie deutlich macht, ist er nicht
dadurch selbst auch schon ein italienischer Philosoph, in dem Sinne,
daß er diese Tendenz, die zu beschreiben er vorgibt, in Wirklichkeit
konstruiert? Ohne uns hier auf philosophische Diskussionen einzu-
lassen, wollen wir hiermit nur einen Punkt betonen, der im folgenden noch wichtig werden wird, nämlich daß die Struktur jenes
Bildschirms von Kenntnissen, den wir zu definieren versucht haben,
sich in der westlichen Welt seit einem Jahrhundert grundlegend
verändert hat.

Es gibt bislang wenige systematische Analysen der Kultur, so wie
sie uns durch die Massenmedien übertragen wird. Zu zitieren ist
hier, abgesehen von verschiedenen Teilversuchen, die "soziokultu-

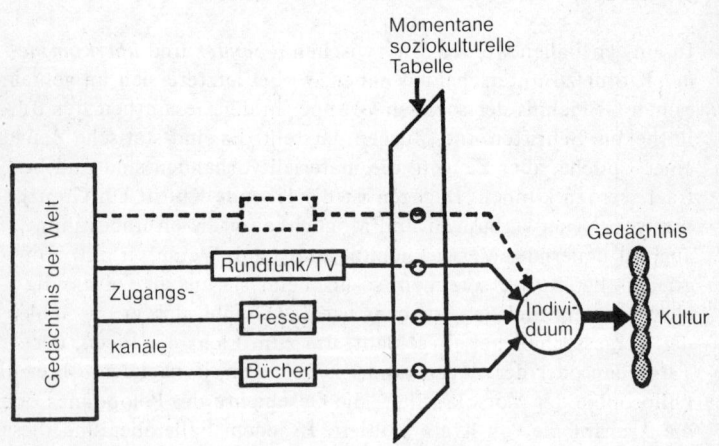

*Abb. 1*   Die vielfachen Zugangskanäle zum Individuum. Von einer ständigen Botschaftenreserve, die man "Gedächtnis der Welt" nennen kann, bilden
verschiedene Transportkanäle (Rundfunk, Fernsehen, Presse uw.) zu jedem
Zeitpunkt ein Abbild, das wir momentane soziokulturelle Tabelle nennen
wollen, dem sich das Individuum unterworfen findet. Dieses von ihm defor-
mierte Abbild prägt sich in seinem Bewußtsein ein und läßt in seinem Gedächtnis ein Residuum zurück, welches man individuelle Kultur nennt

relle Tabelle" von *Alphons Silbermann,* die er im Zusammenhang
mit einer "Kultur des Rundfunks" entworfen hat. In dieser wird
versucht, an Hand von periodischen Tabellen das tatsächliche Volumen zu analysieren, das die Gesamtheit der Massenmedien (Presse, Film, Fernsehen usw.) verschiedenen *topics* widmet. Eine Tabelle dieser Art stellt eine erste Annäherung an die *momentane*
Kultur dar, oder vielmehr an ihren Zuwachs, (d.h. mathematisch
die Ableitung im Verhältnis zur Zeit).(Siehe Abb. 1).
Eine soziokulturelle Tabelle muß in bestimmte Abteilungen und
Kategorien unterteilt sein, und diese Unterteilung geschieht am
besten nach objektivierbaren Dimensionen. Insbesondere wird es
verschiedene soziokulturelle Tabellen geben, die einander zeitlich
folgen. Die Integration all dieser im menschlichen Gehirn oder
in den Bibliotheken wird erst das Bild der individuellen oder kollek-
tiven Kultur ergeben. Wir werden hier dazu geführt, nach ihrer
Quelle zwei Arten soziokultureller Tabellen zu unterscheiden: Die
Tabelle des *Gedächtnis der Welt* und die des dauernden Flusses der
*Massenmedien* der Kommunikation. Wir werden sie respektive
*"Wissenstabelle"* und *"soziokulturelle Tabelle"* im eigentlichen
Sinne nennen.
Was über die Natur des Wissens ausgesagt wurde, impliziert, daß
man eine Art täglicher Zählung oder Inventur des menschlichen
Wissens durchführen will, nach der sich eine allgemeine Tabelle
zusammenstellen ließe, wie z.B. die großen Bibliotheken der Welt
sie darstellen. Dabei verwirklicht sich der Differentialprozeß der
Veränderung dieser Tabelle durch den Mechanismus des "Dépôt
légal", der neu erscheinenden Werke (Pflichtexemplare), wodurch
sich eine beständige Erneuerung der "Bücherwand" feststellen läßt.
In der Praxis gibt es zwei Gründe, aus denen diese "Bücherwand"
nicht mit der Wissenstabelle im oben definierten Sinn identisch ist.
Zunächst ist letztere zugleich kumulativ und sich stetig weiterent-
wickelnd, d.h. unser Wissen verbessert sich zugleich, indem es sich
vermehrt, und die modernen Elemente sind axiomatisch den älte-
ren überlegen. Das Lehrbuch der Chemie von *Berthelot* (1827-1907)
wird durch ein neues Lehrbuch aus dem Jahr 1965 nicht ergänzt,
sondern *ersetzt.* Außerdem ist alles Schriftliche in hohem Maße re-
petitiv und redundant, d.h. jedes Buch enthält neben einem Teil
originaler Kenntnisse und Formen einen sehr großen Teil von schon
Bekanntem, von Begriffen, die aus anderen Büchern übernommen sind. Wenn deshalb die "Bücherwand", die eine universelle

Bibliothek darstellen würde, wirklich die Summe der Kenntnisse
ist — das ganze Gedächtnis der Welt —, dann ist sie als Dokumentation weder zuverlässig noch praktisch. Man darf also, von dieser
Bücherwand ausgehend, die Kultur als ein System von Kenntnissen
ansehen, das sich durch eine Art Destillierung originaler, durch die
ständig sich erneuernde Bücherwand ihm zugeführter Elemente
weiterbildet. Dieses System, das wir *"Tabelle der Kenntnisse"* nennen, enthält eine objektive Definition für den Begriff der Kultur,
nämlich die Gesamtheit der symbolischen Werkzeuge, über die die
Menschheit in einem gegebenen Moment verfügt.

Im Gegensatz zu dieser Tabelle der Kenntnisse, die uns den Inhalt
der Kultur einer Gesellschaft oder der Gesellschaften bietet, zeigt
uns die Gesamtheit der Massenkommunikationsmittel gleichfalls
eine Tabelle, wesentlich verschieden von der vorigen, nämlich die
der Gegenstände, die die Massenmedien propagieren, verbreiten,
und mit denen sie zu jedem Augenblick die Mitglieder der Gesellschaft beeinflussen. Diese nach *Silbermann* benannte *"soziokulturelle Tabelle"* ist das Produkt der "sozialen Kultur". Sie enthält
die Ereignisse und Tatsachen, d.h. die evidenten Formen der Kultur, und bildet sich aus dem Produkt, d.h. am Ausgang der Massenmedien und nicht an ihrer Quelle. So stellt sie sozusagen zu jedem
Augenblick (mathematisch gesprochen) die "Ableitung" des "Gedächtnisses der Welt" dar, weil sie dessen permanenter *Zuwachs*
ist.

Das Schema der Beziehungen zwischen dem Menschen und der
Kultur, an der er Teil hat, stellt sich also folgendermaßen dar: Das
Individuum befindet sich in einer bestimmten physischen und sozialen Umwelt, aus der es jeden Augenblick Botschaften empfängt. Es
assimiliert diese Botschaften durch eine polarisierte Wahrnehmung
und integriert sie dann in seinem Gedächtnis, wo sie sich in die sich
ständig verändernde Einrichtung seines Gehirns eingliedern. Die Gesellschaft besitzt als solche eine bestimmte soziale Kultur, die sich
in einem System von Kenntnissen ausdrückt, die auf irgendeine
Weise Ergebnis der Gesamtheit des kulturellen Materials ist, das sie
herstellt. Diese Gesamtheit, wie sie sich z.B. in einer "Universalbibliothek" angehäuft finden könnte, nennt man praktischerweise
das "Gedächtnis der Welt". Die aus diesem "Gedächtnis" stammen-
den Kenntnisse werden durch die Systeme der Massenmedien mit
den Ereignissen amalgamiert, und zwar in einem wesentlich ano-
nymen und kollektiven Vorgang, dessen Ergebnis die *kulturellen*

*Tatsachen* sind. Ein Ereignis existiert nicht für sich allein, sondern es ist die Summe der Assoziationen, Attribute und "Obertöne", die es färben. Die Gesellschaft ergießt in jedem Augenblick eine Masse von Botschaften über den Einzelnen, die ein Beobachter statistisch erfassen kann, um auf diese Weise ein Bild der *soziokulturellen Tabelle* zu erhalten.

Das erste Grundproblem der Kulturdynamik besteht also darin, die Beziehungen zwischen der "soziokulturellen Tabelle", dem "Gedächtnis der Welt" und der "Struktur der Kenntnisse" zu klären, weil jedes dieser drei Elemente von den beiden anderen abhängt und sie zugleich unterhält. Das Individuum empfängt nacheinander Teile der soziokulturellen Tabelle, die in ihrer Gesamtheit eine außerordentlich untypische Auswahl darstellen. Diese Auswahl bildet seine kulturelle Umgebung, sie integriert sich in sein Gedächtnis und seine Auffassungsweise und wird Teil dessen, was wir seine *individuelle Kultur* genannt haben — eine Art Gewebe von Assoziationen, das als Projektionsschirm für neue Eindrücke dient, permanent in seiner Gesamtheit, aber in jedem seiner Elemente veränderlich. Auf diesen Schirm projizieren sich die Stimuli des täglichen Lebens, d.h. die Ereignisse, denen es als Individuum ausgesetzt ist. Diese Projektion bildet die eigentliche Wahrnehmung. Nachdem das Ereignis wahrgenommen, gewertet, eingeordnet, gefärbt, dimensioniert ist, wird es sich nun seinerseits in das Gedächtnis des Individuums integrieren und so ein kleines zusätzliches Element des Projektionsschirms selbst bilden, dem es sich eingliedert. Der Mensch ist die Summe der persönlichen Ereignisse seiner Geschichte und der kulturellen Tatsachen, die ihn erreichen. Das zweite Grundproblem einer Kulturdynamik wird also darin bestehen, zu klären, wie das Individuum Botschaften empfängt, wie es sie in die Einrichtung seines Gehirns eingliedert und sich so seine individuelle Kultur zusammenstellt.

## 7. Die methodischen Probleme des Zugangs zur Kultur

Im Vorhergehenden haben wir zwei verschiedene Arten von Strukturen unterschieden, denen zwei beobachtbare Größen entsprechen. Die erste ist das *Netz der Kenntnisse* eines sozialen Systems, also die Kultur im sozialen Sinne des Wortes. Dieses Netz organisiert sich mit Bezug auf Geschichte und allgemeine Faktoren, die die

Gesellschaft in ihrer Gesamtheit und unabhängig von den einzelnen Individuen, aus denen sie sich zusammensetzt, berühren. Es ist in der heutigen Welt von enormer Komplexität, und es wäre Aufgabe einer Kulturdarstellung wie sie etwa die Ethnologen für primitive Gesellschaftsformen versuchen, seine Struktur aufzuzeichnen. Man kann sich mit Recht fragen, ob diese Aufgabe, die sich die Enzyklopädisten zum Ziel genommen hatten, nicht in sich schon utopisch ist, ob es, anders ausgedrückt, überhaupt möglich ist, für das ganze Netz der menschlichen Kenntnisse eine Organisation irgendwelcher Art zu finden. Wird die Faktoren-Analyse, von einer Universaldokumentation ausgehend, die zukünftige Form der permanenten Enzyklopädie unserer Zeit sein?

Was uns tatsächlich als beobachtbar zugänglich ist, ist das *Gedächtnis der Welt,* worunter wir den Inhalt aller materiellen Spuren sämtlicher Botschaften der Gesellschaft, die permanente Kristallisierung der *Logosphäre Bachelards* verstehen. Nur diese Botschaften können wir untersuchen und gegebenenfalls einer statistischen Analyse unterziehen. Wir können wissen, wieviel Bücher über die Jagd nach afrikanischen Schmetterlingen oder über die Geologie des Mondes veröffentlicht worden sind, wieviel Stunden pro Jahr die "Kleine Nachtmusik" abendlich die Kolchosen berieselt, wieviel Menschen 1975 das Metropolitan Museum of Art besucht haben, wieviel Kopien von diesem oder jenem Gemälde existieren oder endlich wie groß die Auflageziffer einer Abendzeitung ist. Wir können von diesen statistischen Informationen über das Gedächtnis der Welt die *Faktoren* des kollektiven Bewußtseins zu unterscheiden suchen, die dieses oder jenes Element für es werten, betonen oder in den Hintergrund drängen. Dieses Problem ist methodisch von Bedeutung; denn bei der Bestimmung des kollektiven Bewußtseins wirken historische und statistische Faktoren mit, sowie solche, die mit der Psychologie der Gesellschaft zusammenhängen.

Die Massenkommunikationsmittel, die dazu neigen, alle anderen Kommunikationsmittel als Einzelfälle zu absorbieren, gehen von der Summe der beschriebenen Wertungsfaktoren und der Ereignisse aus, um letztere kollektiv zu "erfahren", sie zu bearbeiten, ihnen Form zu geben, mit ihnen eine Flut von Botschaften zu erzeugen, durch die das soziale System mit Hilfe der technischen Einrichtungen "berieselt" wird. Die Gesamtheit dieser Massenkommunikationsmittel ergibt hier und jetzt — an einem bestimmten Punkt in Raum und Zeit — einen Fluß von beobachtbaren Botschaften, der gleichfalls einer objektiven Untersuchung zugänglich ist, und zwar durch die *soziokulturelle Tabelle* im oben definierten Sinne, deren sogenannte "thematische" Inhaltsanalyse uns ein Bild ihrer statistischen Struktur vermittelt.

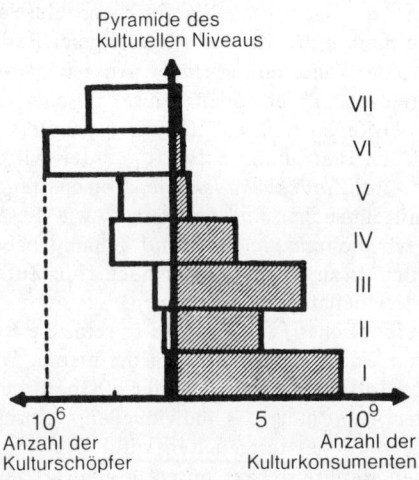

*Abb. 2* Das Prinzip der Kulturpyramide. Es handelt sich hier um ein Histogramm, auf dem horizontal die Anzahl der Individuen aufgezeichnet ist, die einer gegebenen sozialen Kategorie (hier der kulturellen Schicht) angehören. Man unterscheidet allgemein 7 charakteristische Schichten:

| | |
|---|---|
| $1 \cdot 10^9$ | Analphabeten. |
| $0,5 \cdot 10^9$ | Können lesen und schreiben, sind aber nicht den Massenmedien ausgesetzt. |
| $0,8 \cdot 10^9$ | Sind Massenkommunikationsmitteln dauernd ausgesetzt. Ausbildung in zwei Stufen. |
| $0,3 \cdot 10^9$ | Vollständige Grundschul- und technische Ausbildung. Verfügen über Kino, Rundfunk, Fernsehen. |
| $0,08 \cdot 10^9$ | Sekundäre Erziehung, Lektüre von Büchern usw. |
| $20 \cdot 10^6$ | Höhere Erziehung, Fachschulen, Universität (kulturelles Mikromilieu). |
| $0,5 \cdot 10^6$ | Intellektuelle Schöpfer |

Jeder einzelne Botschaften*kanal* (Rundfunk, Presse, Fernsehen,
Film usw.) stellt im Verhältnis zur allgemeinen Tabelle eine Abweichung dar, und man kann den Einfluß dieser Abweichungen
auf die Gruppen von Individuen untersuchen, die vorwiegend einem dieser Kanäle ausgesetzt sind. Auch hier sind wir noch im Bereich des *Beobachtbaren,* das der Untersuchung wenigstens auf
statistischer Ebene zugänglich ist. So können wir die Hörerschaft
eines Rundfunksenders in bezug auf die Tageszeit messen, wir können feststellen, wie viele Minuten die Besucher des Rijksmuseums
im Schnitt vor der "Nachtwache" verbringen, oder schließlich wieviel Berührungspunkte pro Zeile ein erwachsener Berliner beim
Frühstück in seiner Tageszeitung findet. Ausgehend von diesen Gegebenheiten und einem mehr oder weniger falschen, aber der Be-
richtigung stets offenen Bild, das uns der Psychologe von einem
durchschnittlichen Individuum entwirft, werden wir die dimensio-
nalen Faktoren des *Zurückbehaltens* der Botschaften durch den Einzelnen zu ermitteln suchen und bestimmen, wie diese in jener Gesamtheit, die wir die *individuelle Kultur* genannt haben, integriert
sind. Wir werden so zu einem (immer noch vom Zufall abhängigen)
Bild dieser individuellen Kultur kommen.
Ein letztes methodisches Problem wird es sein, die Beziehungen
zwischen *Kultur* und *Wahrnehmung* zu definieren. Wie erhält ein
Stimulus, eine Botschaft, seine oder ihre "Obertöne"; wie eine
Stellung in der Anordnung des individuellen Gehirns, in dessen
Gedächtnis er (oder sie) festgehalten wird? Wie wirken unsere früher erworbenen Kenntnisse auf unsere gegenwärtigen Wahrnehmungen ein; wie beeinflussen sie die Handlungen, die aus diesen
Wahrnehmungen folgen (d.h. das Verhalten)? Wie endlich integrieren sie sich in das kumulative System, in dem die Entwicklung des Individuums sich abzeichnet?

## 8. Die Dimensionen der kulturellen Botschaften

Drei Arten von Strukturen sind der empirischen Untersuchung zugänglich. Will man diese Netze oder Strukturen darstellen, so rührt
man an das Problem der *Dimensionen* jener Systeme, die die *soziale Kultur,* die *soziokulturelle Tabelle* und die *Einrichtung des Gehirns* ausmachen. Wir werden für jedes von ihnen verschiedene Di-

mensionen finden und so das Problem der *Beziehungen* zwischen
Gedächtnis der Welt, soziokultureller Tabelle und individueller
Kultur vom systematischen Gesichtspunkt einer *Wechselbeziehung*
zwischen polydimensionalen Räumen herstellen müssen.
Die Untersuchung der Dimensionen, die man einem bestimmten
System von Phänomenen zu widmen hat, ist die moderne Form
einer Strukturwissenschaft; denn der Begriff "Dimension" bedeutet Organisation des Darstellungsraumes, das heißt die Art der Auffassung durch den Geist des Beobachters. Jede Gesamtheit von Erscheinungen, seien es die Kenntnisse, die die Gesellschaft insgesamt
besitzt, der Fluß der von den Massenmedien ausgestrahlten Botschaften oder die Summe der Einzelelemente, die sich im Gehirn
eines Individuums speichern, besitzt einen ihr eigenen Organisations-
charakter, das heißt eigene, autonome Dimensionen. Somit führt
uns der Begriff der Dimensionen auf das Grundproblem der Anordnung zurück. Die Dimensionierung dessen, was wir das "Gedächtnis der Welt" genannt haben, also der Summe der registrier-
baren kulturellen Erzeugnisse, ist eine oft angeschnittene Frage, da
sie am Ausgangspunkt der Dokumentierungsarbeit liegt. Wir werden daher auch nicht lange dabei verweilen und nur daran erinnern,
daß das Wiederauffinden menschlichen Wissens, das schriftlich oder
akustisch materialisiert ist, zu jenen Problemen gehört, von denen
die Mathematik gerne behauptet, daß sie lösbar seien, vor denen
aber die Technik kapituliert. Die Klassifizierung der menschlichen
Kenntnisse ist möglicherweise keine Utopie; vielleicht könnte man
sie als "dynamische Mythen", als Wunschträume bezeichnen, da sie
ungezählte Arbeiten veranlaßt hat, von denen eine jede weiterver-
wendbare Überbleibsel zurückgelassen hat.

Bis zum 19. Jahrhundert hat man hauptsächlich eine lineare Analyse der
Kenntnisse versucht. *Aristoteles, Bacon, Ampère* und *Auguste Comte* sind
einige Vertreter dieser Lehre, die ihre Vollendung und zugleich ihr Scheitern
in der Dezimalklassifizierung findet. Jede Klassifizierung des Wissens muß
polydimensional sein, d.h. sie muß in einem *Konfigurationsraum* stattfinden.
Das praktische Problem verlagert sich in Richtung auf das Problem der eigentlichen Natur der Dimensionen. Die Mathematik läßt daran denken, daß
eine Klassifizierung des Wissens, da sie den Begriff der Nachbarschaft respektieren muß, etwa dem entspricht, was man in der Algebra ein Gitter nennt,
also ein Gebilde, das praktisch eine sehr große Anzahl von Dimensionen
haben kann. Wenn man aber auf eine derartige Klassifizierung der Bücherwand verzichtet, bietet immerhin die praktische Erfahrung der Bibliotheken
eine beschränkte Anzahl brauchbarer Kriterien. Von diesen Kriterien ist das augenfälligste das der *Häufigkeit*. Da es viele Bücher über das Thema X, dagegen sehr wenige über das Thema Y gibt, kann man also die Themen (oder

28 *Der Begriff "Kultur"*

Fächer) nach der sich vermindernden Wichtigkeit anordnen. Wenn man eine "Botschaftseinheit" wählt, sei es die Seite, das Zeichen oder ein binäres Element der Informationskapazität, läßt sich jedes beliebige Thema mit einer numerischen Größenordnung versehen: Die Wichtigkeit, die die schöpferische Gesellschaft ihm beimißt, definiert durch die Menge der Botschaften, die sie ihm widmet. Die wirkliche Schwierigkeit hierbei ist darin gelegen, daß die Stichworte, d.h. die Themen selbst, die man wählt, von der Willkür der sprachlichen Tradition abhängen, und eben genau nach ihrer Häufigkeit ausgewählt werden. Wir finden hier ein Gesetz wieder, das *Willis* und *Zipf* im Zusammenhang mit der botanischen Klassifizierung deutlich gemacht haben, nämlich die Dialektik Rang-Frequenz (oder Kategorie-Unterkategorie). In der Praxis kann man, wenn man eine Liste von klassifizierenden Worten a priori festlegt, die Länge jeder beliebigen Botschaft messen und sie so in eine Rangordnung eingliedern. Wir wissen, daß die Bezugnahme auf eine quantifizierte Klassifizierung nach dem Logarithmus dieser Länge und mit einer mehr oder weniger feinen Einteilung von Nutzen ist.

Eine weitere allgemeine Dimension des Wissens, die sich allerdings nur auf Botschaften endlicher Länge anwenden läßt, ist das *Niveau der Abstraktion* oder, wenn man will, das Niveau der Zugänglichkeit. Da nicht alle Menschen gleichmäßig intelligent sind, wird das Niveau der Zugänglichkeit in starkem Maße durch den Empfänger beeinflußt. Es ist empirisch durch Indices zu messen wie sie etwa *Flesch* für die Lesbarkeit entworfen hat. Dieser Index ist ein einfaches empirisches Maß für die Schwierigkeit der Lektüre, das mit Bezug auf die Satzlänge in Worten (Sl) und die Länge der Worte in Silben (Wl) ausgedrückt wird: Lesbarkeit = 209 - 1,015 Sl - 1,68 Wl.

Auf eine für die Theorie sehr viel befriedigendere Weise kann man die Botschaft durch Methoden wie die *Cloze Procedure* von *Taylor* messen. Letztere bezieht sich auf die *Redundanz* der Botschaft, in dem Sinne, in dem die Informationstheorie gezeigt hat, daß eine Botschaft um so verständlicher ist, je redundanter sie ist. Auch hier lassen sich Skalen der Schwierigkeit definieren, z.B. mit Bezug auf den Prozentsatz der Gesellschaft insgesamt, der praktisch zu einer gegebenen Botschaft Zugang hat. Die Hierarchie der spezialisierten Bibliotheken stellt eine Materialisierung dieser Gegebenheit dar, allerdings nur in dem Maße, in dem sie *wirksam* ist, d.h. sich bewußt in der Einkaufspolitik der Bibliotheken widerspiegelt. In naher Zukunft könnten viele "Bibliotheken" in ihrem Titel eine ungefähre Andeutung ihres Niveaus geben.

Ein weiteres Dimensionselement der Kenntnisse ist die *Spezifizität*, d.h. ihre Konzentration innerhalb des Wissensfeldes. Man bezieht sich damit stillschweigend auf die Existenz dieses Feldes oder Netzes von Kenntnissen und seiner Geometrie und bestätigt so die angeführten methodologischen Hinweise. So ist z.B. ein Lexikon sehr wenig spezialisiert, weniger als ein Chemiehandbuch, dieses wiederum weniger als eine Monographie über Farbstoffe, diese ihrerseits weniger als eine Untersuchung über das Anilinblau usw. Auch hier machen Bibliotheken, Klassifizierungen und Bibliographien oft auf den Grad der Spezialisierung aufmerksam, ohne sie jedoch in genauen Begriffen zu messen, weil man sich hierzu auf eine Gesamtheit von Grundkenntnissen beziehen müßte, die niemand zu definieren weiß. Die Umkehrung der Stellenzahl der Platzziffer in einer Dezimalklassifizierung ist noch der beste Zugang,

der uns auf diesem Gebiet zur Verfügung steht; denn jede Ziffer in der
Klassifizierung steht für eine Verzweigung, einen weiteren Schritt zur Ver-
feinerung in einer Aufgliederung der menschlichen Kenntnisse, die leider
willkürlich ist. In der Praxis werden die Platzziffern in der Dezimalklassifizierung höchst unsystematisch gebildet, was denn auch zum Scheitern dieses Systems geführt hat.

Die letzte Dimension, die wir durch das Problem der Klassifizierung des
Wissens finden, verbindet sich mit dem schon erwähnten Begriff des Gitters.
Kann man sich doch rechtmäßig fragen, welche *Verbindungen* ein Fach zu
den übrigen Fächern hat. Dieses Problem ist in dem Maße sinnvoll, in dem
die Anzahl solcher Verbindungen im menschlichen Geist sehr begrenzt ist.
Die Bindeglieder, die wir a priori zwischen verschiedenen Items herstellen
können, sind nicht ungezählt, sondern streng begrenzt, d.h. es existiert eine
Sättigungsschwelle für unsere Assoziationsmöglichkeiten. Erst durch die
Lochkartenklassifikation ist es möglich geworden, den Begriff der Nachbarschaft tatsächlich in die Dokumentation und über sie hinaus in das Repertoire der Kenntnisse einzuführen. Auf einer Lochkarte läßt sich leicht die
Gesamtheit der Gebiete, die zu dem auf der Karte registrierten Gegenstand
in Verbindung stehen, aufzeichnen und später durch Sichtung wiederauffinden.

Neben diesen wesentlichen Dimensionen des Wissens gibt es schließlich noch
zusätzliche Dimensionen, z.B. die Sprache, in der ein Dokument abgefaßt
ist, oder sein Stil. Dieses letztere Kriterium ist bedeutsam bei der Klassifizierung einer Literatur- oder Kunstbibliothek oder auch einer Musikdiskothek,
indem es einen ästhetischen Faktor definiert, der im allgemeinen eine große
Wirkung besitzt.

Dies wäre also in großen Zügen der dimensionale Aspekt des gegenwärtigen
Zustandes unserer Ideen mit Bezug auf das, was wir das "Gedächtnis der
Welt" genannt haben, und darüber hinaus das "Netz der Kenntnisse", das
sich in ihm materialisiert. Die Gesamtheit dieser Dimensionen hat einen lo-
gisch-rationalen Aspekt, oft auch einen abstrakten. Sie sind, schon im Sinne
ihrer Definition, weit entfernt von der unmittelbaren Auffassung, denn sie
sind eine Konstruktion des Geistes, da sie nur einen Aspekt der Epistemolo-
gie ausmachen. Dennoch enthalten sie sehr praktische Probleme, wie etwa
das der Klassifikation in Bibliotheken, zumal letzten Endes die Klassifikation
der Zugang ist, der dem Geist des Einzelnen zu den Kenntnissen der Gesellschaft gegeben ist.

Fassen wir zusammen. Wir haben versucht herauszufinden, welche
Dimensionen man dem Bild der Kultur im eigentlichen Sinne zu-
schreiben muß, da diese das Urbild sind, von dem sich die verschiedenen materiellen Elemente ableiten; so die Elemente dessen, was
wir das Gedächtnis der Welt genannt haben, also der Bücherwand.
Diese letztere ist das materielle Zeugnis, in dem wir jenes Netz von
Kenntnissen erfassen, welches die Logosphäre artikuliert. Das Problem der Dimensionierung der Kultur ist also nicht verschieden
von dem der Dimensionierung der Kartei einer Universalbibliothek.
Genauer gesagt ist die Dimensionierung der Entwurf, die Beschrei-

bung in allgemeinen Begriffen einer Gesamtenzyklopädie der
menschlichen Kenntnisse, der modernen Fassung des "enzyklopädischen Mythos", eines der *dynamischen Mythen* der heutigen Welt.
Die "Universaldokumentiermaschine", wie diverse soziale Organisationen sie sich vorstellen, wäre wenigstens im wissenschaftlichen
Bereich nur eine konkrete Annäherung an dieses enzyklopädische
Ideal, das nach seiner eigenen Definition unerreichbar bleibt.

Die charakteristischen Dimensionen, die wir festhalten wollen, sind
also die folgenden:
1. Die *topographische,* d.h. die Lokalisierung in einem Klassifika-
tionsraum, der dazu dient, Kenntnisse zu verallgemeinern und sich
in eine Anzahl einzelner "Unter-Räume" aufzugliedern, so etwa
den "heuristischen" Unter-Raum, der dem Problem entspricht: Wie
weit kann eine schon existierende Erkenntnis der Herstellung einer
neuen Idee förderlich sein? Diese Dimension hat dann die Unterdimen-
sion: "Geistige Methode" und "Experimentelle Methode";
2. die der Wichtigkeit im Sinne der *Häufigkeit,* mit der der menschliche Geist bei normalen Denkvorgängen von diesem oder jenem
Begriff Gebrauch macht;
3. die der *Abstraktion,* die mit der Lesbarkeit oder Verständlichkeit für ein Individuum durchschnittlicher Intelligenz zusammenhängt;
4. die der *Nachbarschaft,* d.h. die Anzahl der einer bestimmten
Erkenntnis benachbarten Bereiche, die mit der *Prägnanz* der geistigen Form zusammenhängt sowie mit dem Bezug auf materielle
Dokumente;
5. die der *Spezifizität,* die jedem Dokument relativ ist und die Umkehrung der Fläche des Erkenntnisfeldes darstellt, die ein Dokument bedeckt.

## 9. Die Dimensionen der soziokulturellen Tabelle

Die soziokulturelle Tabelle ist eine sich aus den Massenkommunikationsmitteln herleitende Gesamtheit. Ihre Dimensionen sind das
Objekt der Inhaltsanalyse. Bei ihnen treten zunächst die *spezifische*
*Kategorien* nach vorn, die den angedeuteten allgemeinen Problemen
entsprechen, jedoch durch die Grobheit der Verbreitungsmechanik
stark vereinfacht sind. Die zweite in diesem Zusammenhang wesentliche Dimension wird auch hier die *relative Bedeutung* einer Nach-

richt sein. Dabei läßt die Praxis der Massenmedien eine Einteilung in sieben logarithmische Gattungen nach den von *Miller* mit Bezug auf deren Wahrnehmung ausgesprochenen Regeln zu, und zwar von einer untersten Wahrnehmungsschwelle bis zu einem praktischen Maximum, das einer Sättigung entspricht. Die dritte Dimension bezieht sich auf die *Verständlichkeit* in ihren speziellen Formen wie Lesbarkeit, Hörbarkeit usw. Hier handelt es sich um die Zugänglichkeit der einzelnen Items, womit wir auf Arbeiten bezüglich der absoluten Empfangsschwierigkeiten zurückkommen. Die Verständlichkeit, die mit der Botschaft in engem Zusammenhang steht, soll immer von Intelligenz und Charakter desjenigen, der die Botschaft empfängt, getrennt werden. Der Verstand ist das Produkt zweier Faktoren:

Verständlichkeit der Botschaft          Intelligenz des Publikums

Die letzte Dimension ist durch die *soziale Schicht* gegeben, an die sich eine spezielle Gegebenheit richtet. In ihr sind Anziehungsfaktoren enthalten, die keine direkte Verbindung mit der Verständlichkeit haben, sondern von der Werteskala der jeweils betrachteten Gruppe innerhalb eines gegebenen Milieus abhängen. Eine wirtschaftliche Information über einen garantierten Mindestlohn kann einen hohen Schwierigkeitsgrad (und damit eine sehr geringe Lesbarkeit) besitzen, aber für die soziale Schicht der Facharbeiter als die eigentlich Interessierten von großem Interesse sein.
Die Funktionäre der Massenmedien als diejenigen, die über sie verfügen (Kommunikationsingenieure, Journalisten, Werbefachleute usw.) sind sich im allgemeinen der Notwendigkeit bewußt, die Lesbarkeit der als Empfänger vorgesehenen sozialen Gruppe anzupassen, aber nur in dem Maße, in dem eine deutliche Beziehung zwischen sozialer Schicht und Intelligenzquotient besteht. Dies ist nun nicht immer der Fall, so z.B. nicht, wenn die Auswahl der Gruppe nicht an ein bestimmtes soziales Niveau, sondern an eine Spezialisierung in Kenntnissen technischer Art gebunden ist. Eine Information über die Wichtigkeit der Zufuhr von Kernenergie für den privaten Verbrauch an Elektroenergie interessiert jeden, der irgendwie etwas von Elektrotechnik versteht, sei er Firmendirektor oder Finanzminister, und nicht eine spezielle soziale Schicht. Man kann mit einigem Recht annehmen, daß der moderne Intellektuelle einem Fluß von ca. 300000 Elementen Originalität jährlich ausgesetzt ist, was bei einem Schnitt von 3 bits pro Wort 100000 wirk-

lich informationshaltigen Worten entspricht. Wenn man seine Auf-
nahmekapazität für Information mit 3 bits/Sekunde einschätzt,
kann man sagen, daß er etwa 1/300 seiner Zeit damit verbringt,
tatsächlich Neues kennenzulernen.

## 10. Die Dimensionen der individuellen Kultur

Nachdem wir die Frage untersucht haben, wie die von den Massenmedien erzeugte kollektive Kultur dimensioniert ist, können wir
uns jetzt den Eigenheiten zuwenden, die die Einrichtung des Gehirns der Individuen strukturieren. Hierbei ist zu bemerken, daß
das gestellte Problem in der Hauptsache statistischer Natur ist. Es
soll eine *Skizze* der individuellen Kultur unter einem allgemeinen
Aspekt gezeichnet werden, d.h. wir wollen allgemeine Dimensionen
für eine Vielzahl einzelner Objekte finden.
Nach den Erkenntnissen von *Charles E. Osgood* wissen wir, daß jedes Item durch den Einzelnen in einer Einordnung in Beziehung zu
einer Anzahl von Bedeutungsdimensionen einer Nachricht begriffen
wird. Diese Dimensionen sind relativ wenige, da der größere Teil
(60%) der Varianz (d.h. der Summe der Quadrate der Differenzen
in der Auffassung der verschiedenen Gegenstände) durch *dialektische*
*Dipole* erklärt und begriffen wird, z.B. die Beziehungen zwischen
gut und böse, zwischen stark und schwach, zwischen aktiv und
passiv. Diese Dimensionen zusammen mit einigen anderen von
schwacher Varianz berichten den konnotativen, unmittelbaren und
spontanen Aspekt irgendeines Items der Außenwelt mit Hilfe eines
Kommunikationsmittels. Es handelt sich hier um ein Wertkennzei-
chen, das mit dem dennotativen semantischen Aspekt im eigenen
Sinn kontrastiert. Der emotionale Aspekt unseres Begreifens der
Welt ist sehr grob: gut oder schlecht, groß oder klein für mich;
Wirkung von mir auf die Welt; Wirkung der Welt auf mich – alles
dies sind Fragen, die das Individuum instinktiv stellt, bevor sie in
das breite Feld der Kenntnisse eintreten.
*R. G. Smith* hat gezeigt, daß man die Varianz der Elemente einer
Rede sehr wohl durch nur fünf Faktoren erklären kann:

|     |            |                 |
| --- | ---------- | --------------- |
| I   | Optimismus | und Pessimismus, |
| II  | ernsthaft  | und heiter,     |
| III | ehrlich    | und unehrlich,  |
| IV  | wertvoll   | und wertlos,    |
| V   | maniert    | und formlos.    |

Die Gesamtheit dieser Faktoren entspricht ausschließlich einer Art und Weise, die Nachrichten zu *begreifen.* In anderen Worten: Wenn sie auch für die Analyse der *Behaltens*mechanismen, denen die Nachrichten oder Gegenstände der soziokulturellen Tabelle unterliegen, wichtig sind, stellen sie doch keine auf unser Problem bezüglichen Variablen dar; denn es handelt sich für uns um die "Dimension" dessen, was wir prosaisch die "Einrichtung des Gehirns" genannt haben. So ist es z.B. ebenso einfach wie von Wichtigkeit, eine Nachricht über die "Vergewaltigung von Farbigen durch Jugendliche in Kentucky" in die obengenannten Dimensionen einzuordnen, wobei man für Leser in Chicago und Chile zu unterschiedlichen Ergebnissen käme. Dagegen ist es wesentlich schwieriger, einen Artikel über "Die Synthese des Natriumpropionats" im gleichen System unterzubringen.

Die Wissenschaft, die Philosophie, die Kunst, kurz alles was *beständig* und nicht vergänglich ist, bilden "kalte" Aspekte der geistigen Arbeit und gehen in die individuelle oder kollektive Kultur eben nur in dem Maße ein, wie sie "kalt" sind, d.h. frei von emotionalen Werten. Wenn die Ereignisse der Geschichte auf der Gefühlsebene wertbeladen sind, so sind sie schon aus diesem Grunde auf der kulturellen Ebene wertfrei. Zusammenfassend kann man sagen, daß der kulturelle Wert und der emotionale Wert keine tiefergehenden Beziehungen zueinander haben. Sie sind völlig unabhängig voneinander (rechtwinklig), und die Kultur, aus der sich die Einrichtung des Gehirns jedes Einzelnen zusammensetzt, behält von den Ereignissen nur das zurück, was auf gewisse Weise bleibend an ihnen ist, d.h. das, was sich im semantischen Raum mit der Zeit verwischen wird, sobald das Gefühl verschwindet, um Platz für das dokumentarische Behalten frei zu machen.

Die tägliche Praxis der Massenkommunikationsmittel besteht genau darin, die kulturellen Phänomene künstlich mit Gefühlswerten zu färben. So hat ein Eisenbahnunglück, das auf dem mangelhaften Funktionieren einer Weiche beruht, die folgenden zwei Aspekte:

einen *kulturellen* Aspekt, der wissenschaftlich und technisch ist und sich auf das Funktionieren von Weichen bezieht. Dieser führt zu einer Reihe von Ideenverbindungen *technischer* Art über den Schienenverkehr, die Psychotechnik der Weichensteller, die Automation u.a.m.;

einen *emotionalen* Aspekt in bezug auf die menschliche Solidarität. Letzterer hat absolut *keinen* kulturellen Wert, er sei denn historisch.

Im allgemeinen ist es die Methode der Massenmedien, diese beiden
Aspekte zu vermischen:

1. das Problem der Weichenstellung würde normalerweise in einer
technischen Zeitschrift ohne die geringste Anspielung (es sei denn
in statistischer Form) auf die möglicherweise sich daraus ergeben-
den Unfälle behandelt. Der Ingenieur, der das Problem abhandelt,
stellt an den Anfang seines Artikels eine Werteskala, die praktisch
einem Auftragsbuch (die Beschaffenheit der Weiche sei . . .) gleich-
kommt;

2. im Gegensatz hierzu versucht der Journalist die menschliche Seite des einzelnen Unfalls herauszubringen. Er bemüht sich, seinen
Leser oder Hörer in dessen vergängliche, einzig dastehende ästhetische Besonderheit zu verwickeln, und zu diesem Zweck läßt er
viel Blut fließen, Sterbende stöhnen, findet hochbewegte Szenen,
folgt einer Dialektik von gut und böse, aktiv und passiv, ernst und
heiter.


## 11. Eine Methode der Inhaltsanalyse der Kultur

Die Analyse des Einflusses einer kulturellen Botschaft auf einen
Empfänger muß sich nach dem Gesagten daher auf andere Dimensionen beziehen als die des emotionalen Begreifens. Eine Untersuchung der Dimensionen einer individuellen Kultur bietet vier allgemeine Größen, die sich mit den das Individuum erreichenden
Botschaften verbinden:

1. ihre objektive *Größe* (Länge der Botschaft);
2. der Grad der *Abstraktion* oder umgekehrt: der Verständlichkeit;
3. der Grad der *Implikation* im Geist des Empfängers;
4. das Niveau der *Bewußtseinstiefe.*

Man kann also ein Item in einer dreidimensionalen Zeichnung graphisch als eine Kugel darstellen, deren Radius der Größenklasse
nach einem in Klassen eingeteilten Maßstab wie folgt entspricht
(angenommen ist der Fall von Zeitungsartikeln, wo die Spalten-
breite in der Praxis normalisiert ist):

*a) Größenmaßstab*

| Größenklasse | Länge (in cm) | Anzahl der Zeichen |
|---|---|---|
| 1 | > 300 | > 30000 |
| 2 | 150-300 | 15000-30000 |
| 3 | 80-150 | 8000-15000 |
| 4 | 40- 80 | 4000- 8000 |
| 5 | 20- 40 | 2000- 4000 |
| 6 | 10- 20 | 1000- 2000 |
| 7 | 0- 10 | < 1000 Kurzartikel |

*b) Abstraktionsgrad*
(Schwierigkeit, intellektuelle Anstrengung, Komplexität der verwandten Begriffe)

1. Redundanz höher als 99% (Plakate, Schlagworte usw.).
2. Sehr konkret: deutliche Tatsachen und Gegenstände, diverse menschliche Themen.
3. Konkret, aber fiktiv (keine Syllogismen, intuitive Gedankengänge).
4. Rudimentäre, stark verdünnte logische Gedankengänge (sachliche, beim ersten Lesen verständliche Artikel, z.B. auch Kriminalistik).
5. Wissenschaftlich/dokumentarischer Charakter (bedingt Unterbrechungen und mehrfaches Lesen).
6. Physikalische Abstraktion, Verwendung allgemeiner Begriffe, theoretische Wissenschaften außer Mathematik (Lektüre nur in Einzelabschnitten möglich).
7. Mathematische Abstraktion, Logik und reine Philosophie.

Die Distanz zum Individuum wird nach folgender Gradeinteilung gemessen:

*c) Distanz zum Empfänger: Implikationsgrad*

1. Impliziert sofortige und konkrete Reaktionen des Einzelnen (z.B. Streik, Mobilisierung).
2. Der Empfänger ist direkt in Mitleidenschaft gezogen (z.B. Geldentwertung).
3. Der Einzelne kann sich erlauben, die Information zu ignorieren, er ist interessiert, ohne sich beteiligt zu fühlen.
4. Die voraussichtlichen Folgen liegen räumlich oder zeitlich weit entfernt. Auch Veränderungen in der Umgebung.

5. Die Verbindung der Items zu Ereignissen, die den Empfänger berühren, läßt sich noch aussprechen.

6. Berührt den Einzelnen vage, ohne daß er definieren könnte, wodurch.

7. Keine Verbindung: die Sache geschieht auf einem anderen Planeten.

*d) Bewußtseinstiefe*

Die Botschaften wirken auf den Empfänger in verschiedenen Schichten seiner geistigen Struktur. Wir wissen nach der umfangreichen Literatur zur Tiefenpsychologie, daß in einem seelisch-geistigen Wesen innerhalb des geistigen Systems, das die Botschaften empfängt und daraufhin das Verhalten beeinflußt, verschiedene Tiefenschichten unterschieden werden müssen, von der äußerlichen objektiven Haltung bis zu den tiefen Schichten des Wesens, die nur dem Psychoanalytiker in schwierigen Untersuchungen zugänglich sind. In anderen Worten, es gibt verschiedene Etagen des Bewußtseins, die auf verschiedene Weise die Botschaften aus der Außenwelt empfangen und verschieden, wenn auch im Prinzip objektivierbar, darauf reagieren. Praktisch haben viele Items, je nach der Art des empfangenden Individuums, sehr verschiedene Wirkungsweisen; wir berühren damit den Unterschied zwischen Individuen und einer Gesellschaft, auf den wir schon weiter oben im Zusammenhang mit dem Unterschied zwischen individueller und sozialer Kultur hingewiesen haben. Es ist daher hier unmöglich, den Begriff des Durchschnitts systematisch anzuwenden, und so hat denn auch das Bild des "typischen" Lesers oder Hörers, auf das die Organisatoren der Massenverbreitungsmittel stets Bezug nehmen, keine wissenschaftlich faßbare Entsprechung in der Wirklichkeit. Es gibt weden den typischen Leser noch den typischen Hörer. Ihre Pluralität läßt sich auf keinen Typus zurückführen, es sei denn in einigen recht beschränkten Bereichen wie Politik oder Nationalismus, die denn auch den Hauptstoff für jene Presseorgane bilden, die von einem Empfängermodell dieser Art Gebrauch machen. Wenn gewisse Presseorgane empirisch einen typischen Leser konzipiert haben, dann trifft dieser ausschließlich für sie zu: die gleichen Items können gleichzeitig auf verschiedenen Niveaus des Bewußtseins Wirkungen hervorbringen. Es entsteht also eine veränderte soziokulturelle Tabelle, die die Umformungen mit in Betracht zieht, denen jede Botschaft, ehe sie ins Gedächtnis des Empfängers aufgenommen wird, unterworfen ist.

Man wird sie sich also als eine Serie von übereinanderliegenden transparenten Blättern vorstellen können, von denen jedes einem Wahrnehmungsniveau im oben definierten Sinne entspricht und mehr oder weniger vollständig bleiben kann. Damit dehnt sich das oben besprochene dreidimensionale Diagramm auf vier Dimensionen aus.

Die Erfahrung zeigt, daß es im allgemeinen genügt, im Individuum 4-5 Tiefenschichten zu unterscheiden, und zwar wie folgt:

1. Objektive Tatsachen, die das materielle Leben des Einzelnen beeinflußen (Welt der Handlungen), z.B. Steigen der Lebenshaltungskosten, Gehälter, Streiks, Wetter u.a.m.
2. Tatsachen, die sich im Bereich der erklärten objektiven Interessen des Individuums auswirken (Welt der wirtschaftlichen Werte), z.B. Raumfahrt, sachliche Informationen wie Erdbeben in Japan, Aufdeckung von Verbrechen, Abenteuer, Verkehrsunfälle.
3. Tatsachen, die sich im Bereich der subjektiven Interessen und Meinungen des Individuums auswirken (Welt der Meinungen), z.B. Fragen der Außenpolitik, Gerichtsverhandlungen.
4. Tatsachen, die sich auf die unterbewußten Schichten des Wesens (Libido und Machtwille) auswirken, z.B. Verbrechen, Sex und Herzensgeschichten, Ereignisse in einer politischen Partei.

Diese Analysemethode paßt sich natürlich vor allem dem Inhalt der Massenmedien an. Sie läßt sich aber leicht auf die Ausarbeitung einer soziokulturellen Tabelle ausdehnen, bei der die Einrichtung des Gehirns und die Integrierung der Wahrnehmungen eine Gesamtheit ausmachen. So ist: "Die Amerikaner untersuchen die Altertümer von Formosa" eine Nachricht:
von geringer Wichtigkeit,
sehr weit entfernt vom einzelnen Pariser (Antiquare ausgenommen),
von relativ hohem konkretem Gehalt und braucht keinerlei besondere Bemühung zum Verständnis,
deren hauptsächliche Wirkung auf der Ebene der subjektiven expliziten Interessen des Individuums liegt. Ihre Wirkung im Bereich seiner objektiven materiellen Interessen ist Null, dagegen hat sie einige Wirkung auf dem Gebiet seiner subjektiven und leidenschaftlichen Interessen und läßt selbst auf der Ebene des Unterbewußten eine leichte Spur zurück.

Diese Methode ist auf den Empfänger zentriert, im Gegensatz zur traditionellen Methodik, die die objektiven Kriterien der Botschaft festlegt ohne besondere Rücksicht auf seine Resonanz. Viele Anwendungen sind möglich, insbesondere bei der Erkenntnis des Einflusses von Werbemitteln und der Schöpfung eines Multimediamodells der Werbung.

## 12. Der Erwerb von Kenntnissen und die Faktoren der individuellen Kultur

Um nun von der eigentlichen soziokulturellen Tabelle zur Einrichtung des Gehirns jedes Einzelnen zu kommen, benötigt man drei Summierungsvorgänge, entsprechend dem strikten Sinn des Begriffs "Integrierung" in der Mathematik und der Physiologie der Nerven. Jedes Item, das von der Außenwelt zum Individuum dringt, unterliegt nacheinander mehreren Integrationsprozessen:

a) die Zeichen, aus denen es besteht, werden identifiziert (Buchstaben, Worte, Phoneme) mit denen, die sich im Repertoire des Individuums befinden. Dies ist der Empfang der Botschaft im Rohzustand;

b) innerhalb der Zusammenstellung von Zeichen werden allgemeine Formen wahrgenommen. Dabei wird eine gewisse Voraussehbarkeit mitbenutzt, die für alles Verständliche charakteristisch ist;

c) nach einer bestimmten inneren Werteskala wird der Wert dieser Formen abgeschätzt. Dabei hängt die Werteskala von der individuellen Kultur ab und stellt eine Art Struktur des Individuums dar;

d) gegebenenfalls wird durch den Stimulus, den die Nachricht hervorruft, eine bewußte oder unbewußte Reaktion ausgelöst: Freude, Befremdung, Ärger, Angst, Befriedigung, Tätigkeit.

Die ersten beiden Vorgänge (a,b) sind wohlbekannt. Sie ergeben sich aus der Informationstheorie der Wahrnehmung, die wir anderweitig entwickelt haben und auf die wir noch zurückkommen werden. Der letzte Vorgang (d) tritt nur gelegentlich auf; denn meist sind die Reaktionen der Individuen bruchstückhaft, oft wenig bewußt, in jedem Fall wenig sichtbar. Nur der dritte (c) fällt in den Fragenbereich einer Theorie der individuellen Kultur; denn hier handelt es sich um die Bewertung und Assimilierung mit Bezug auf eine Werteskala und um ein teilweises, vom Mechanismus des Vergessens abhängiges Eingehen in die Erinnerung. Dabei stellt sich die Werteskala als ein Bezugssystem dar, d.h. als eine Art *semantischer Raum* des Individuums, der es ihm ermöglicht, ein neues, ihm auffallendes Element einzuordnen. An dieser Stelle ist nach der Struktur dieses semantischen Raumes zu fragen, d.h. nach den Dimensionen, die es dem Individuum ermöglichen, jede Botschaft oder Wahrnehmung einzuordnen. Diese Dimensionen müssen eine gewisse Allgemeingültigkeit besitzen, jedenfalls solange die Inhaltsanalyse als eine Wissenschaft gilt. Nun ist das Hauptproblem einer Inhaltsanalyse genau das der Auffindung allgemeiner Dimensionen für Verständnis und Bewertung kultureller Items, die uns in der Logosphäre der Botschaften entgegentreten, und daran anschließend die Präzisierung von Maßeinheiten für diese. Da es praktisch so viele Arten von Inhaltsanalysen gibt wie man in dem analysierten Inhalt Aspekte sucht, handelt es sich für uns nur darum, diejenigen darzustellen, die zur individuellen Kultur im oben definierten Sinn direkten Bezug haben. Die mitwirkenden Faktoren sind:

1. Die ausgesandte *Quantität* jedes Gegenstandes $i \ldots n;$
2. die *Verständlichkeit*, die jede Botschaft, die $i$ enthält, vom Sender erhält;
3. die verschiedenen *Typen* der Kanäle, deren jeder mehr oder weniger für den Einzelnen zugänglich ist, wobei die Kanäle 1, 2, . . . $m$ sein können;
4. der wirkliche *Zugang*, den die soziale Lebensweise des Individuums $i$ ihm zu jedem der Kanäle ermöglicht, und der durch den Aufmerksamkeitsfaktor $C_m$ ausgedrückt wird;
5. der Koeffizient des Interesses, das der Empfänger der Botschaft entgegenbringt;
6. der Koeffizient des Verständnisses des Individuums für jede einzelne empfangene Botschaft auf den verschiedenen Bewußtseinsebenen, auf die die Botschaft einwirkt;
7. die Tatsache, daß der Gegenstand jeder Botschaft auf jeder Bewußtseinsebene *mit der Zeit* einer fortschreitenden Auslöschung unterliegt, d.h. einer exponentiellen Vergessenheit.

Indem man diese verschiedenen Einflüsse zusammenfaßt und zur Vereinfachung annimmt, daß sie voneinander unabhängig sind, kommt man auf die folgende Formulierung:

$$\sqrt{-{}^{o}t} \quad \sum_{r} \quad \sum_{n} \quad \sum_{m} \quad \sum_{\rho} Q_i I_i C m D n \ e^{\alpha_\rho t / \theta_\rho} \rho dt$$

| Summierung zur Zeit | Summierung der einzelnen Individuen zur sozialen Gesamtheit | Summierung zu den Interessenebenen des Individuums | Summierung zu verschiedenen Kanälen | Summierung zur Natur der Gegenstände | Einfluß des exponentiellen Vergessens |
|---|---|---|---|---|---|

Damit ist schematisch die statistische Gesamtheit der Elemente einer Kultur ausgedrückt, die das Ergebnis der Einwirkung von *m* Massenkommunikationsmitteln auf $r$ Individuen über eine Zeit $t$ ist, wobei die Massenkommunikationsmittel auf $n$ verschiedenen Tiefenschichten zugleich einwirken und $i$ Elemente befördern, deren jedes $Q_i$ fach vorkommt und einen bestimmten Grad der Verständlichkeit besitzt.

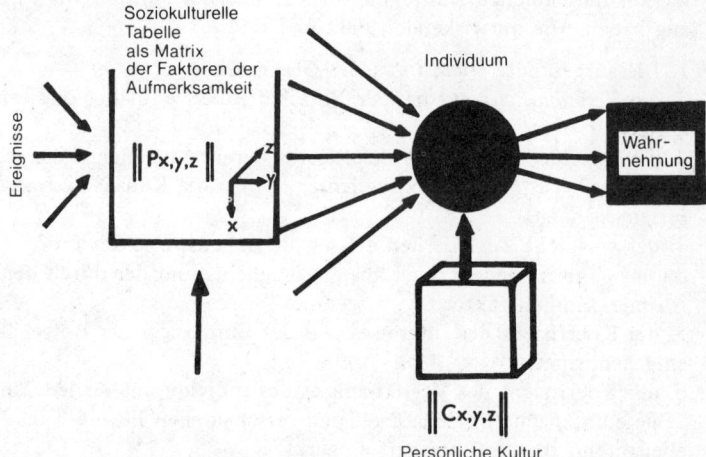

*Abb. 3*   Intervenierende Faktoren bei der Wahrnehmung von Ereignissen durch das Individuum . Die Gesamtheit der Ereignisse zusammengefaßt in einer momentanen *soziokulturellen Tabelle,* die sich durch eine soziokulturelle Matrix der Vorkommensfrequenz jedes einzelnen Elements ausdrücken ließe. Das Individuum ist zu jedem Zeitpunkt der Gesamtheit der Tabelle durch die Botschaften ausgesetzt, die es empfängt. Seine persönliche Kultur, die in seinem Gedächtnis verankert ist, dient ihm dazu, den Empfang in eine wertende Wahrnehmung bestimmter Elemente|zuungunsten anderer umzuwandeln.

Vom kulturellen Standpunkt aus ähnelt die Gesellschaft weit mehr dem Einzelnen als der Bibliothek, einer künstlichen und technischen Einrichtung. Der Inhalt eines Exemplars einer Zeitung oder Zeitschrift hat ein Leben, das etwa dem einer Idee vergleichbar ist: Er wird geboren, blüht und stirbt innerhalb von wenigen Tagen mit den Ereignissen, von denen er genährt wird. So wird eine Notiz

über die Sammler von Altertümern in Formosa beim größeren Teil
der Bevölkerung sehr schnell in Vergessenheit geraten. Die Gesamtheit der verschiedenen Bewußtseinsschichten bildet die verschiedenen Etappen einer Untersuchung über den Zugang zur Kultur und
ihrer Zurückbehaltung, deren Elemente wir noch sehen werden.
Die synthetische Darlegung, in der wir die verschiedenen logischen Etappen auf dem Wege vom Rohzustand des experimentellen Bereichs bis zur soziokulturellen Tabelle im eigentlichen Sinne zusammengefaßt haben, entspringt mehr der Notwendigkeit eines formalen doktrinalen Rahmens als einer Quelle experimenteller
Arbeiten. Freilich haben verschiedene Verfasser einzelne Elemente
dieses Rahmens bearbeitet.
Der Weg von der soziokulturellen Tabelle, der Bezugsbasis für die
Kultur einer gegebenen Gesellschaft, zur *persönlichen* Kultur, der
individuellen Projektionsleinwand von Kenntnissen oder Einrichtung des Gehirns, verläuft über eine atomistische Isolierung der Elemente dieser Tabelle, deren Behalten auf sehr verschiedene Weise
vor sich gehen kann und die sich gegenseitig durch Ideenassoziatio-
nen und nach Gesetzen verstärken, die mit den Atomen der Botschaften und nicht mehr mit jenen selbst verbunden sind. Das will
sagen, daß jedes Element, das der Einzelne von den Massenmedien
empfängt, sich aus "Worten" zusammensetzt, deren jedes sein eigenes Leben, seine eigenen "Attribut-Konstellationen" hat, die durch
die Assoziationswahrscheinlichkeiten definiert sind, und deren jedes
mit einer ganz bestimmten Häufigkeit in der Flut der Botschaften
vorkommt, der das Individuum ausgesetzt ist. Diese aber hat keine
einfach proportionale Beziehung zur Häufigkeit der Kategorien von
Elementen, die schon zum Bereich der zusammengesetzten Formen
gehören. Jedoch aus dieser Logosphäre der Botschaften im weitesten Sinne setzt sich allmählich jene Einrichtung des Gehirns zusammen, jene "Leinwand von Semantemen", auf die sich unsere momentanen Eindrücke projizieren, um in einem höheren Stadium der
Integration Wahrnehmungen zu bilden.

*II. Kapitel*

# Der intellektuelle Markt und der soziokulturelle Kreislauf

> The fate of a culture
> is finally determined
> by the creativity of
> its carriers.
>
> J.-L. Moreno

## 1. Einleitung

Im vorigen Kapitel haben wir die für eine Untersuchung über die
Kultur sehr wichtige Vorstellung aufgezeigt, daß diese eine granu-
löse Struktur besitzt, d.h. sich aus Atomen und Molekülen, aus
Fragmenten von Kenntnissen oder Ideenkombinationen zusammensetzt, die in Verbindung miteinander neue Elemente bilden können.
Dieser Ausdruck "granulös", eine Entdeckung der strukturalistischen
Schule, hat den Vorteil, die kulturellen Phänomene zu objektivieren
und ihnen im Vergleich zu anderen Untersuchungsgegenständen jede
unmotivierte Transzendenz zu entziehen. Diese Versachlichung hat
z.B. der Informationstheorie ihren Ausgangspunkt gegeben, indem
sie sie dazu zwang, die Botschaft unabhängig von ihrem Inhalt in
bezug auf ihre äußere physische Form zu betrachten und diese Einstellung bis zu ihren extremen Grenzen zu verfolgen, indem sie die
Materialien der Kommunikation wie *Waren* ansieht, die einen bestimmten Preis haben.
Die Wirtschaftswissenschaft hatte ihrerseits schon vor bald zwei
Jahrhunderten im Begriff der *Kosten* einen integrierenden Aspekt
für sehr weite Zweige der menschlichen Tätigkeit gefunden. In einer
Welt von Tatsachen und Gegenständen konnte sie den Kreislauf
der Güter und Personen beschreiben, messen und schließlich auch
beeinflussen, indem sie den Begriff des Preises auf sie anwandte.
Nun hat sich die Ökonomie in einem Bemühen um Verallgemeine-
rung neuerdings an der Schranke der "Kommunikationswaren" ge-
stoßen, und dementsprechend unterstreicht *Fr. Perroux* z.B. die Neu-
orientierung der Wirtschaftswissenschaft durch die Entwicklung von
der Ära des homo oeconomicus zu der des homo socialis. In seiner
Kritik der Rationalität der Wirtschaftsgesellschaft merkt er an, daß

sich in Zukunft Transaktionen großen Maßstabs zwischen den Menschen nicht auf das Prinzip des Austauschs zurückführen lassen werden, es sei denn, man bezöge in diesen Begriff so immaterielle Faktoren ein wie die Kraft der Ideen, die Macht der Kulturen und die Kraft des Genies, kurz jene Faktoren, die die wirtschaftlichen Matrizen dynamisieren. Mit anderen Worten: die Welt, auf der die Wirtschaft aufbaute, war nur eine Hälfte der Welt, nämlich die der Gegenstände. Die Sozialwissenschaften müssen in Zukunft davon ausgehen, daß der Mensch zugleich in zwei verschiedenen Welten lebt:

in der *Welt der Dinge,* d.h. in dem physikalisch-chemischen Universum der Natur und Energie, die bis etwa 1950 einziges Untersuchungsobjekt der "Wissenschaft" war, und
in der *Welt der Zeichen,* dem eigentlichen Objekt der Sozialwissenschaften, die erst in neuerer Zeit als Wissenschaften vom Menschen im eigentlichen Sinne etabliert worden sind; denn die Zeichen sind mit dem Menschen, der sie herstellt, verbunden.

Das Universum der Zeichen beruht auf einer Gesamtheit menschlicher Konventionen; es ist verschieden von den materiellen Trägern dieser Zeichen, hat aber zu ihnen eine notwendige Beziehung. Es ist von einer noch größeren Vielfalt als das der Dinge. Wir finden dort nebeneinander den Geschäftsbrief, das Liebesgedicht, die Banknote, den Patentbrief, die Unterschrift auf dem Scheck usw. In dieser Gegenüberstellung der Welt der Dinge und der der Zeichen findet der Philosoph die alte Unterscheidung zwischen Sprache und Gegenstand wieder. Es ist der Begriff des "fiduziarischen Wertes", welcher meßbare Beziehungen zwischen der Welt der Zeichen und der der Dinge herstellt oder sie zumindest andeutet. Der integrierende Faktor der Ökonomie ist jene besondere Art von Zeichen, die wir das Geld nennen: eine Maßeinheit des fiduziarischen Wertes, die oft die Rolle eines allgemeinverbindlichen, die Beziehungen regelnden Anzeigers übernimmt. Der Kostenpreis einer beliebigen Einwirkung des Menschen auf die Welt der Dinge ist eine *Nachricht,* die vom tatsächlichen Beginn dieser Einwirkung an bis zu der Entscheidung, sie fortzusetzen oder zu verändern, zurückübermittelt wird.
Nun hat das Aufkommen der Massenverbreitungsmittel die Wichtigkeit einer materiellen Grundlage für die Zeichen unterstrichen, indem Schallplatte, Buch, Film oder Reproduktion für die Zukunft

innerlich mit der Musik, der Literatur, dem Schauspiel, der Malerei, kurz sämtlichen Formen der Kunst und sogar der Wissenschaft verbunden sind. In der Dialektik zwischen dem Abstrakten und dem Konkreten, zwischen dem Immateriellen und dem Materiellen nähert die moderne Kommunikationstechnik die Ideen, die Formen und die Elemente der Kultur der Welt der Dinge an und bewirkt, daß sie von den Dingen bestimmte Eigenschaften annehmen. So wurde es vorstellbar, daß der Begriff der Kosten, selbst ein Zeichen unter den Zeichen, auf die Elemente der Kultur, die Ideen und die Formen angewandt werden kann, und zwar anfangs nur unter ihrem materialisierten Aspekt, dann fortschreitend in einer immer stärker abstrahierten Form. Im Folgenden werden wir, im Einklang mit der strukturalistischen Hypothese, annehmen, daß die Gesamtheit der Ideen, Werke, Texte und kulturellen Objekte aus Zusammensetzungen einfacher, registrierbarer Elemente besteht, die die Atome der Kultur darstellen und die man in ihrer Gesamtheit in einem allgemeinen Register wieder auffindet, nämlich in der soziokulturellen Tabelle, so wie wir sie beschrieben haben, und von der eine Art Digest im Gehirn jedes Einzelnen existiert sowie eine mehr oder weniger vollständige Fassung in den Hortungen, die die Gesellschaft in den Bibliotheken, Museen usw. für ihre Kultur erbaut. Es besteht eine gewisse Parallelität zwischen den Erscheinungsformen der Kultur, wie sie in der folgenden Tabelle, die etliche Arten "kultureller Produkte" aufführt, dargestellt sind.

*Tabelle 1*

| Kanal der Kultur (Welt der Kommunikation) | Kulturelle Produkte (Nachrichten der Gesamtheit) | Art der Elemente des Repertoires (Kultureme) | Massenkommunikationsweisen | Repertoires Kodes |
|---|---|---|---|---|
| Welt der Symbole | Ideen | Semanteme Worte Symbole | Maschinengeschriebene Texte, Briefe, Drucksachen, Presse | Lexikon und Grammatik |
| Welt des Mythos | Erzählungen Märchen | Mytheme | Gesprochenes Wort, Radio, Bildserien, Trickfilm, Buchdruck | Folklore |
| Welt der Literatur | Literarische Werke | Ideen Formulierungen Sätze | Buchdruck Verlage | Bibliotheken |
| Welt der Bilder | Bilder | Morpheme Elementare Formen | Museumsbesuche Reproduktion, Werbung | Museen |
| Welt der Bewegung | Pantomime Film Theater Tanz | Elementare Handlungen | Kino Fernsehen | Cinematheken |
| Welt der Musik | Kompositionen | Akkorde Klangphänomene Musikalische Themen | Radio Schallplatte | Diskotheken Klangarchive |
| Wissenschaften | Veröffentlichungen und Theorien | Fragmente von Bedeudung, Ideen Darstellungsarten | Wissenschaftliche Literatur Bibliothek | Lehrbücher der Logik, Zahlentafeln, Ergebnisse von von Experimenten, Lehrbücher |

Die klassische Wirtschaftstheorie mißt jedem Element der Welt der
Dinge einen Faktor bei, der *Kostenpreis* genannt wird und dessen
Festlegung die Abwägung einer Reihe einzelner Elemente notwendig
macht: Rohmaterial, Ausrüstung, Arbeitszeit sowie verschiedene
soziale Ausgleichsfaktoren, wie allgemeine Unkosten usw., deren
Entsprechungen in der Zeichenwelt nicht schwer zu finden sind.
Der Kostenpreis ist *abhängig* von der Quelle der dienlichen Objekte, Zeichen, Ideen, usf. Neben diesem Begriff unterscheidet die
Wirtschaftstheorie des Kostenpreises einen anderen Wert, der mit
dem vorher genannten über das soziale Feld in seiner Gesamtheit
verbunden ist: den *Verkaufspreis,* der seinerseits für den Verbraucher der Nachricht (den Empfänger) die Kosten darstellt. Dieser
wird von verschiedenen Faktoren beeinflußt: Konkurrenz, soziale
Einflüsse, Bedarf. Die Spanne zwischen ihm und dem Kostenpreis,
die man oft "Gewinn" nennt, ist im Prinzip ein *regulierender
Feedback,* der die Produktion vom Verbrauch abhängig macht. In
den modernen Wirtschaftssystemen hat sich der regulierende Mechanismus tiefgreifend geändert; der Begriff des Kostenpreises besteht
allein als gemeinsamer Nenner für sämtliche Kategorien von Gütern,
Diensten oder Zeichen weiter. Die Wechselbeziehung zwischen Produkten und Verbrauch durch den Begriff des Gewinns hat sich
bedeutend abgeschwächt und andere Faktoren sind mit ins Spiel
gekommen, die das eine wie das andere in Funktion anderer Einflüsse regeln, darunter vielfach durch a priori bestimmte Grundsätze.
Die Informationstheorie hat ihre Formeln in der Hauptsache aus
diesem Begriff der *Kosten* der Nachrichten abgeleitet, der sich auf
diese stets und unabhängig von ihrem Inhalt, bzw. ihrer *Bedeutung*
anwenden läßt. Lassen sich nun auch die heuristischen Möglichkeiten
des integrierenden Begriffs "Kosten" auf die Kulturelemente selbst
anwenden, und zwar getrennt von ihren materiellen Trägern? Damit
fragt man letzten Endes, in welchem Maße die Elemente der Kultur
als Waren dargestellt werden können. In der Tat findet man im Leben der Ideen viele Charakterzüge wieder, die sie den Waren wenigstens annähern.

So ist das Schema:

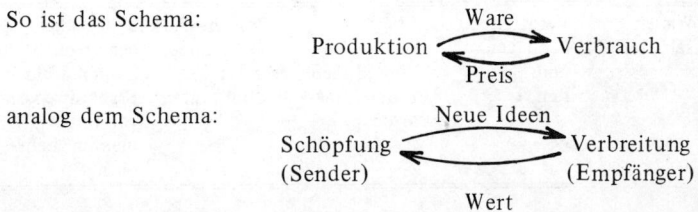

analog dem Schema:

Dementsprechend verleiht eine wirtschaftliche Auffassung dem Kulturbereich:

1. ein integrierendes Wertsystem;
2. eine soziale Norm;
3. Elemente für eine Einstufung der Elemente der soziokulturellen Tabelle;
4. eine heuristische Methode.

Im übrigen sind zum gegenwärtigen Zeitpunkt sämtliche kulturellen Werte in einem Prozeß der Aufwertung begriffen, von einer vorübergehenden Stellung auf gleicher Höhe mit den Gegenständen des materiellen Verbrauchs, die eine durch die Serienproduktion charakterisierte Zivilisation beliebig vermehrt, so daß die kulturellen Produkte im Laufe der Zeit eine immer bedeutendere Stellung in der Gedankenwelt und im Haushalt des Verbrauchers einnehmen. Der Begriff des Wertes hat nur im Bereich der neuen Ideen Gültigkeit; denn die alten Ideen sind Teil des "Gemeinguts", und der Wert einer Idee wird dann durch die Kosten der Schwierigkeit des Zugangs ersetzt.

## 2. Der Begriff des Residualwertes

Von dem Augenblick an, wo eine Idee in den Kreislauf der Massenkommunikation eintritt, trennt sich ihr Wert von ihrem Kostenpreis, ganz gleich, wie hoch dieser sein mag, und nimmt allmählich im gleichen Maße ab wie der künstliche Prozeß der Reproduktion regelmäßig ihren Anteil an Originalität vermindert. Dieser Wert nähert sich dann einem Grenzwert, den wir den *Residualwert* nennen und in der Praxis mit den Kosten ihres materiellen Trägers verbunden ist: Die Idee ist am Ende so viel wert wie das Papier, auf dem sie gedruckt ist, soweit dieser Träger selbst sehr verbreitet ist und keine Zugangsschwierigkeit bietet. Nun ist aber der Kreislauf der Massenkommunikation erst dann definiert, wenn man weiß, um welche "Masse" es sich handelt; denn es ist offensichtlich, daß eine Idee, die zum Gebrauch der Leser der großen Presse verbreitet wird, nicht den gleichen Residualwert hat wie eine andere, die in der Untergruppe "Leser wissenschaftlicher Zeitschriften" oder gar in dem um vieles kleineren Kreis derjenigen Spezialisten verbreitet wird, die Patente untersuchen. Jeder Untergruppe der Gesellschaft entspricht ein eigenes System der Massenkommunikation, wobei das Wort "Masse" hier in einem dogmatischen Sinne, d.h. im Gegensatz zum Individuum und nicht zum Ausdruck einer erheblichen demographischen Ausdehnung gebraucht wird. Diese kleinsten "Massen" bilden eine extreme Grenze für die Anwendung einer Soziodynamik der Kultur, weil sich bei dieser Größenordnung die eigentliche Natur der Kommunikationserscheinungen verändert, der Ausdruck "Massenkommunikation" unzureichend ist und eine andere Struktur der Kommunikation sichtbar wird. Das wäre u.a. der Fall bei der Verbreitung gewisser Gemälde oder Ideen.

Der Residualwert unterliegt selbständigen Veränderungsgesetzen, die mit der Form der Nachricht verbunden sind. Zunächst gibt es Unterschiede in den Kosten des Trägers, etwa im Preis der Bücher oder Zeitschriften, sodann die permanenten Kosten des Zugangs, und man kann sagen, daß eine Nachricht von dem Augenblick an Gemeingut ist, wo ihr Träger im Austausch gegen fiduziarische Werte zugänglich und genügend verbreitet oder durch Nachschlagewerke bekannt ist, so daß sie im Rahmen der normalen Zugangsmöglichkeiten erreichbar wird. Diese Definition würde z.B. wissenschaftliche Sonderdrucke und Probedrucke von Kunstwerken ausschließen, dagegen aber systematisch alle technischen oder beruflichen Zeitschriften, auch die seltensten, mit einbeziehen. Die Zugangskosten, die sich bei der Auffindung einer Idee dem Residualwert zugesellen, wären dem Kostenpreis des Dokumentationsspezialisten, der damit beauftragt wird, die Nachricht aufzutreiben, proportional. Sie wären damit im allgemeinen weit höher als der residuale Wert, oft in solchem Maße, daß dieser vernachlässigt würde. Auch hierfür gibt es Normen und Doktrinen. So kann man die Kosten im allgemeinen Sinne durch zwei Größen charakterisieren: durch die *Zugänglichkeit* und die *Zugangszeit.*

Beschränken wir uns hier auf die Begriffe, die dem durchschnittlichen, daß heißt typischen Individuum voll verständlich sind. Das hieße in einem Grenzfall annehmen, daß die Nachrichten, die dieser Verständlichkeitsnorm nicht unterliegen, ganz einfach wirkungslos und daher in der untersuchten Untergruppe nicht existent sind, was den Mechanismus des intellektuellen Wettbewerbs im Auffinden von Erkundigungen außer Betracht läßt, aber im Rahmen einer Mosaikkultur immer mehr den tatsächlichen Verhältnissen entspricht. Im Begriff der Zugänglichkeit spielen verschiedene Faktoren eine Rolle, so etwa die Übersetzung von einer Sprache in die andere, das "abstracting", "rewriting" usw. Die Gesamtheit dieser

Veränderungen ist denen weitgehend ähnlich, die ein Käufer an einer empfangenen Ware vornimmt, um sie für seine Zwecke gebrauchen zu können.

## 3. Die Kostenbestandteile

Der Begriff der Kosten ist auf komplexe Weise mit den Gegebenheiten der Fabrikation und der Verbreitung verbunden. Der Kostenpreis einer Idee oder eines Werkes für seinen Schöpfer (oder für die Gruppe seiner Schöpfer, wenn es sich um ein gemeinsames Werk handelt) hat keine Beziehung zum Residualwert, wie wir ihn oben definiert haben, indem dieser sich asymptomatisch dem Preis des materiellen Trägers angleicht, sobald die Idee oder das Werk einmal in den Kreislauf der Vervielfältigung eingetreten ist. So gibt es keine Verbindung zwischen den Bemühungen oder der Originalität eines Künstlers oder Erfinders und der Auswertung, der seine Idee unter Umständen unterworfen wird. Der Trennungspunkt ergibt sich in dem Augenblick, wo die Idee durch die Kopie in ein breites soziales System eingeführt wird und sich so entpersönlicht. Es ist dieser Zwiespalt im Begriff des Preises, der alle Versuche, *das Eigentum an einer Idee* zu schützen, schief erscheinen läßt. Sie sind mit einem grundsätzlichen Irrtum behaftet, zumindest in dem Maße, in dem z.B. die Patentgesetzgebung oder die soziale Sanktion in der künstlerischen Welt sich auf das Eigentum an der Verwirklichung der Idee statt auf das Eigentum an dieser selbst bezieht. Offensichtlich ist es viel zu schwierig, die erfinderische Einbildungskraft selbst juristisch zu erfassen, so daß man sich aus rein praktischen Gründen gezwungen sah, sich auf ihre Früchte, als ihr einziges Ziel, zu beschränken.

Es ist in den Kreisen beratender Ingenieure wohlbekannt, daß der Wert eines einzelnen Erfinders und der Patente, die er anmeldet, im Grunde an eine kaum greifbare oder zumindest bislang schlecht definierte Vorstellung gebunden ist, nämlich eben jene vom Wert einer Idee. Daraus ergibt sich zugunsten der Gesetzgebung ein ganzer "Verpackungsmechanismus" der geistigen Werte im naturwissenschaftlichen und technischen Bereich, nämlich die Patentbüros, deren heimliches Ziel es ist, eine möglichst wertvolle Idee mit einem Verwirklichungsmechanismus zu vermummen, der selbst möglichst wenig Wert hat und bewußt so beschrieben ist, daß das Prinzip, auf

dem er beruht, weitgehend verschleiert wird. In der Tat ist es einer
Idee eigentümlich, daß sie eine große Vielfalt von möglichen Verwirklichungen zuläßt, also jede einzelne Verwirklichung transzendiert. Trotzdem kann man sinnvollerweise versuchen, die Unterhaltskosten für einen Mann zu definieren, der Ideen herstellt, und
so für diese die untere Grenze des Kostenpreises feststellen, unter
die sich der Einzelne nicht begeben kann (oder zumindest nicht
begeben darf), wenn seine Existenz in dieser sozialen Funktion
noch als berechtigt angesehen werden soll. Das heißt: wenn er sich
pragmatisch anders als nebenberuflich zum Erfinder, Schriftsteller
oder Künstler macht, dann müssen seine Ideen wie Sachen, wie
Waren betrachtet werden. In anderen Worten: der Intellektuelle ist
derjenige, der vom Ertrag seiner Ideen und der Erfinder derjenige,
der vom Ertrag seiner Patente lebt. Diese Erkenntnis begrenzt die
Zahl der hauptberuflichen Erfinder erheblich und stellt gleichzeitig die Frage nach der Möglichkeit ihrer Existenz (Notwendigkeit
eines zweiten Berufs, z.B. als Forscher, Schriftsteller usw.). Auf
diese Weise werden wir auf rein statistischer Grundlage die Bestandteile der allgemeinen Kosten untersuchen können, die man bei allen
Individuen, die mehr oder weniger vom Ertrag ihrer Einbildungskraft, ihrer Kenntnisse oder ihrer Talente leben, wiederfindet.

Bei der Berechnung dieser Kosten sind mit zu berücksichtigen:
der Preis der Entstehungszeit,
der Preis des Materials (Dokumente, Arbeitsmaterial),
der Preis der Konkretisierung, der Veranschaulichung und Verpak-
kung einer Nachricht, gemessen an der Zeit,
schließlich verschiedene Koeffizienten, die eine Aufwertung bewirken, wie Sachverstand, Prestige und allgemeine Unkosten, deren
Höhe relativ beständig ist.

## 4. Der grundsätzliche Unterschied zwischen Idee und Ware

Wenn ein Industrieller seinen Kunden Stahl verkauft, erhält er dafür fiduziarische Werte, andere Güter oder Dienste, aber er behält
nichts von dem Stahl, das sein Lager verläßt. Wenn ein Intellektueller einer wissenschaftlichen Zeitschrift den Text eines Artikels
übergibt, der neue Kenntnisse oder Ideen enthält, und wenn er,
zwar nicht von der wissenschaftlichen Zeitschrift, aber doch wenigstens von der Gesellschaft materielle Mittel oder Konsumgüter er-

hält, dann besitzt er zwar nicht mehr den Originaltext seines Artikels, wohl aber den Durchschlag, und über diese Metapher hinaus behält er in seinem Gedächtnis eben die Ideen, die er weggegeben hat. Er gibt und behält sie zugleich. Mehr noch: nicht nur sind sie nicht für ihn verloren, sondern durch die Mitteilung werden sie verwirklicht, präzisiert und in seiner Vorstellung verdeutlicht. So hat er seine Ideen durch die Mitteilung oder den Verkauf an andere nicht verloren, sondern für sich selbst gegenwärtiger gemacht, und darin liegt der wesentliche Unterschied zu einer Ware: Der Sender verliert nicht, was er gibt, der Vorrat an Ideen wird durch die Ausstrahlung selbst regeneriert; je mehr er gibt, um so reicher wird er. Es handelt sich also hier um einen kumulativen Prozeß.

Diese Erkenntnis liegt der allgemeinen Theorie der Welt der Zeichen und der Kommunikationstheorie zugrunde und gilt in allen Bereichen der geistigen Produktion. Wenn ein Künstler einem Liebhaber eines seiner Werke schenkt oder verkauft, hat er zwar nicht mehr das materielle Eigentumsrecht daran, er besitzt aber immer noch die Ideen, die zu seinem Werk geführt haben, die Kunstfertigkeit, die er gelernt hat, seine Fähigkeit, auf eine bestimmte Art etwas Originelles zu erzeugen und die Welt um sich her komplexer zu machen, und gebraucht sie auch weiter. Außerhalb des Kreislaufs der Verbreitung im eigentlichen Sinne oder der ungezählten Kreisläufe des Plagiats verbreitet er gleichzeitig mit seinem Werk eine bestimmte Anzahl objektiver Faktoren der Kunstauffassung, eine neue Art, die Welt zu sehen, eine neue Technik, die mit seinen Produkten verbunden ist, mit ihnen sich verbreitet und anderen Individuen zur Inspiration werden kann. Wenn auch die einzelnen "Kunstwerke" am kumulativen Prozeß nicht teilhaben, so hat doch die Gesamtheit der möglichen künstlerischen Techniken, der Wissenschaften, der Kunst und der Anschauungsformen an ihm teil und trägt zur Bereicherung der Kultur im sozialen Sinne bei. Es ist gerechtfertigt anzunehmen, daß wenn die meisten Künstler in ihrer Produktion einmal einen Höhepunkt erreichen, um danach abzunehmen, der Mechanismus dieses Abnehmens mit dem des Wachsens nichts gemein hat. Viele Künstler haben behauptet, ihr ganzes Werk sei Bereicherung, Vertiefung, Läuterung, Ringen um Selbstbestätigung, Fortschritt, wobei jeder Tag auf dem vorigen aufbaut. Nichtsdestoweniger ist es für den Wissenschaftler wie für den Künstler sehr leicht, im Ablauf eines solchen Niedergangs die Mechanismen sozialen Rangverlusts, geistiger Erstarrung usw. festzustellen, die von den kumulativen Prozessen völlig verschieden sind. Zusammenfassend sei unterstrichen, daß die geistige Produktion sich durch den Prozeß der Verbreitung selbst regeneriert, und zwar je nach ihrem Gebiet in verschiedenem Maße, und daß der Intellektuelle aus der einfachen Tatsache des Verkaufs seiner Produkte einen bestimmten Gewinn zieht, der von dem Preis, den er dabei erhält, unabhängig ist, zumal dieser sogar negativ sein kann, wie z.b. in Veröffentlichungen auf Rechnung des Autors, oder bei den Veröffentlichungsrechten in wissenschaftlichen Zeitschriften. Dieser von der klassischen Wirtschaftstheorie grundsätzlich verschiedene Mechanismus setzt eine andere Art von Mehrwert voraus als den von *Marx* erwogenen und muß bei der Abschätzung der verallgemeinerten Kosten stets gegenwärtig bleiben. Dennoch gibt es einige Fälle, in denen es gerechtfertigt ist, die Ideen, die Zusammenstellungen von Semantemen uneingeschränkt als Waren zu betrachten, besonders jene, bei denen der Koeffizient der Multiplikation sehr schwach ist und der Prozeß der Befruchtung des Intellekts durch seine eigenen Ideen und ihre Verwirklichung und Mitteilung vernachlässigt werden kann. Das wird beispielsweise der Fall sein, wenn sich der Erfinder einer Idee vor dieser praktisch verliert, das heißt, wenn er Träger einer einzigen Idee oder eines einzigen Themas, einer einzigen Gleichung, eines einzigen Patents ist. Das soziale Feld ist mit einer bestimmten Zahl von Individuen (den Spezialisten) durchtränkt, deren jedes eine gültige Idee hat, die von allen anderen völlig verschieden ist. In diesem Falle ist die Konkurrenz gleich Null. Es handelt sich dann um verschiedene Produkte; denn die Idee ist für verschiedene Verbraucher wiederverwendbar, sie hat einen stabilen Wert, der durch den Kostenpreis ihres Trägers relativ gut definiert ist und ihr während einer merklich konstanten Zeit beigemessen wird. Ein anderer Fall ist der einer Kommission von Sachverständigen. Die Ideen, die sie liefert, sind weder neu noch von ihr erfunden, aber sie ist de facto ihr einziger Treuhänder. Man wendet sich an sie wie an einen Handlungsreisenden, der eine bestimmte Anzahl Waren vorlegen kann; denn die Sachverständigen kennen praktisch allein die Quellen bestimmter Ideen, die an ihrem Ursprungsort zu suchen viel komplizierter und kostspieliger wäre als sich an ihre bestallten Treuhänder zu wenden.

## 5. Faktoren des intellektuellen Kostenpreises

Wir werden uns im folgenden zunächst nur für Ideen und Werke interessieren, die das Erzeugnis eines einzelnen Individuums sind, z.B. den Werdegang eines Romans, eines Theaterstücks, eines Bildes, einer wissenschaftlichen Veröffentlichung, und zwar von der Konzipierung bis zur Inumlaufsetzung. Die Untersuchung der Mechanismen bei der Schöpfung durch einen Einzelnen erleichtert später die Übertragung auf die der kollektiven Kreation.

Die *Zeit der Konzipierung* ist das Maß für die zeitlichen Kosten der schöpferischen Tätigkeit, die in starren Formeln zu definieren unmöglich ist. Sie hat aber Grenzwerte, die ihre Natur deutlich machen. Praktisch teilt sie sich in zwei Kategorien: die Zeit der Inkubation und die der Formulierung. Die Inkubationszeit ist natürlich das Ergebnis eines kulturellen Feldes, das dem Intellekt des Einzelnen eigen ist. Die neuen Ideen entstehen aus alten Ideen oder aus deren Weiterbildung; sie sind ein stilistisch originelles Mosaik von banalen oder dem Schöpfer vertrauten Elementen. Es gibt uns also der zeitliche Abstand von dem Augenblick, wo der Einzelne eine Information erfahren oder eine Situation erlebt hat, eine obere Grenze für die Inkubationszeit. Dies wird bei der Erzeugung von wissenschaftlichen Ideen deutlich, wo die Zeit der Dokumentation und allgemeinen Information ein Drittel oder die Hälfte der Inkubationszeit ausmacht, sei es, daß die Idee aus der Dokumentation einer gegebenen Arbeit entspricht, sei es, daß der Einzelne a priori irgendeine Idee hat, mit ihr aber systematisch ringt, bis er sich durch eben die Dokumentationsarbeit vergewissert hat, daß sie wirklich original ist. Industrielle Unternehmen, große Forschungszentren, Redaktionen wissenschaftlicher Zeitschriften können manchmal einigermaßen genau diese Zeit der Inkubation vorausbestimmen, allerdings nur bei einigen Sektoren des kulturellen Universums. Sie wissen zum Beispiel, daß ein Ingenieur etliche Monate Dokumentationszeit braucht, um sich über ein bestimmtes Problem erschöpfend zu informieren, ebenso, daß man einem Spezialisten auf einem bestimmten Gebiet für den Plan einer originalen Untersuchung oder auch die Ausarbeitung einer einfachen Radiosendung einige Tage oder Wochen Überlegungszeit lassen muß. Alle Untersuchungen über den schöpferischen Prozeß stimmen darin überein, daß zwischen dem Augenblick, wo eine sehr vage Frage sich zu ei-

nem Thema stellt oder gestellt wird, und demjenigen, wo der Einzelne sie sich in Form eines zu lösenden Problems stellt, eine solche
Zeit der *Latenz* zu konstatieren ist. Der Beweis hierfür wird a contra-
rio durch Fälle im industriellen oder kulturellen Leben geliefert, wo
von einem Schöpfer die sofortige Lieferung eines bestimmten Produkts verlangt und die Zeit der Latenz oder Inkubation eliminiert
wird. Es ist wohlbekannt, daß der Schöpfer in diesem Fall entweder
ein Werk liefert, das vielleicht für diejenigen, die es verlangen, neu
ist, aber in Wirklichkeit schlicht die Kopie eines Produkts ist, das er
früher schon einmal geliefert hat, also ein Werk, das nicht wirklich
original ist. Kurz gesagt, in jedem Feld der intellektuellen Betätigung
wird man eine mittlere Inkubationszeit wenigstens begrifflich und
manchmal arithmetisch definieren können. Desgleichen wird man
die Formulierungszeit definieren können, wobei die Formulierung
die erste Verwirklichung der Idee oder des Werkes ist, die dem Individuum als Arbeitsgrundlage dient. Die Idee hat in diesem Augenblick eine wahre Existenz, zumindest für ihren Schöpfer, selbst wenn
sie für die Gesellschaft noch unverwirklicht bleibt. Die genauere Untersuchung dieser Konzipierungszeit würde es nötig machen, die
schöpferischen Vorgänge selbst mit einzubeziehen, was uns hier zu
weit führen würde. Aber man könnte über statistisches Zahlenmate-
rial verfügen, das über die Kosten einer Idee — gemessen in Inkubationszeit — Aufschluß gibt, solange man, was die Details dieser Angaben betrifft, nicht allzu anspruchsvoll ist.
Dieser Zeit der Konzipierung fügt sich eine Verzögerungsperiode
hinzu, die stark an materielle Gegebenheiten gebunden ist, nämlich
die *Zeit der Verpackung.* Dieser Begriff ist in all den Bereichen
wichtig, wo das Ergebnis des schöpferischen Prozesses in Zeichen
ausgedrückt wird: gesprochene oder geschriebene Texte, Mathematik oder Gebrauch von symbolischen Systemen jeglicher Art. Gleich,
ob es sich um ein Patent, einen Artikel in einer wissenschaftlichen
Zeitschrift oder einen Vortrag handelt, in allen Fällen besteht eine
Zeitspanne der "Verpackung", der Formulierung, die dazu dient,
die Idee in Worte zu fassen, die den Gesetzen der Logik, der Syntax und der Grammatik gehorchen. Zugleich dient sie der Abfassung der Idee als Manuskript, ihrer Normalisierung in Zeichen, z.B.
durch die Schreibmaschine.
Diese Vorgänge sind innerhalb eines gegebenen kulturellen Rahmens relativ
leicht in Zahlen auszudrücken. So gibt es allgemeine Regeln über die Ma-
schinenschreibarbeit, die präzise genug sind, um diese in Zahlen abzuschätzen.
Die nur selten zahlenmäßig durchgeführten Umfragen bei einer großen An-

zahl von Schriftstellern, Intellektuellen usw. über ihre Arbeitsmethoden ent-
hüllen bemerkenswerte Konstanten, z.B., daß der direkt in maschinenge-
schriebene Form gebrachte Text eine sehr seltene Ausnahme ist, die man
für das Gebiet der gedanklichen Arbeit praktisch ausschließen kann. Sie
findet sich nur in Mechanismen von sehr schwacher Originalität, etwa den
Berichten eines Lokalkorrespondenten in der Zeitung. Praktisch gebraucht
die Gesamtheit derer, die in ihrer schöpferischen Arbeit den Kanal der Zeichen benutzen, mindestens eine, die meisten zwei, drei oder mehrere Zwi-
schenstufen, wobei diese Zahl oft genug mit dem Wert an Originalität im
kulturellen Feld zusammenhängt. Bei der Abfassung industrieller Gutachten
oder wissenschaftlicher Artikel braucht ein Autor im allgemeinen zwei oder
drei Entwürfe.

Man kann sich also vorstellen, daß sich in einem gegebenen sozialen System die Zeitspanne abschätzen läßt, die zwischen dem
Augenblick vergeht, wo ein Schriftsteller, Philosoph oder Natur-
wissenschaftler versichern kann, daß er eine Idee oder einen Text
*besitzt,* und dem, wo sich annehmen läßt, daß er sie dem Verlag
oder der Druckerei übergibt und im Kulturkreislauf in Umlauf
bringt. Der Begriff dieser Formulierungsfrist − der Verpackung −
ist in allen Verlagshäusern wohl bekannt; sie bemißt sich im allgemeinen in Wochen oder Monaten. Aber dieser Begriff der Verpak-
kung ist nicht nur auf Ideen und Werke beschränkt, die den Kanal
der Zeichen benutzen, sondern gilt praktisch für alle kulturellen
Schöpfungen. So entspricht er dem Begriff der Einstudierung z.B.
bei Theater, Film oder Ballett und in den bildenden Künsten dem
der Arbeit, der Ausführung und manchmal der Retuschierung, wei-
terhin den technischen Verfahren der Gravur in den graphischen
Künsten. Vom psychologischen Standpunkt aus entspricht dieser
Begriff im schöpferischen Prozeß einem Stadium konkreter Bestätigung seitens des Autors gegenüber der Gesellschaft.
Schließlich findet das Werk seine *Normalisierung;* denn die Maschinenschrift ist u.a. der Übergang von der Zeichenwelt der Hand-
schrift, die praktisch dem Einzelnen vorbehalten ist, in eine Welt
normalisierter Zeichen, die anderen als ihrem Schöpfer ohne Anstrengung zugänglich sind.
Die beiden Zeitspannen: Konzipierungszeit und Verpackungszeit,
sind die Bestandteile der "Zeitkosten" eines neuen Gedankens oder
Werkes.
Beim Kostenpreis spielen aber noch andere Faktoren mit, die diese
Ausgangskosten erhöhen. Mit der augenfälligste und wichtigste von
diesen ist der *soziale Wert* des Schöpfers. Eine neue Idee eines Unbekannten hat immer nur einen beschränkten Wert; ein junger

Künstler, ein junger Schriftsteller, ein junger Forscher kann keinen *äußerlichen* Beweis für den Wert dessen beibringen, was er anbietet. In der gegenwärtigen Gesellschaft ist das Problem des unbekannten Einzelnen nicht gelöst; dieser braucht oft große Ausdauer, bis die Türhüter des kulturellen Verbrauchssystems sich dazu herablassen, das Erzeugnis, das er ihnen zu einem bescheidenen Tarif anbietet, auch nur anzuschauen. In der Praxis ist dieser Fall des "unausgewiesenen Mannes" ein vernachlässigbarer Prozentsatz der kulturellen Produktion, denn diese beruht zum größten Teil auf einer Untergruppe in der Gesellschaft, für deren Mitgliedschaft man sich sei es durch Examina und Titel, sei es durch einen langsamen Prozeß der Beförderung qualifiziert. Innerhalb dieser Untergruppe bildet sich eine soziale Rangordnung der Kompetenz, der Begabung oder des Ansehens, die eine Art Index für die Erhöhung des Kostenpreises darstellt. Dieser Erhöhungskoeffizient ist in der Praxis eine Art Versicherungsprämie, wobei Gegenstand der Versicherung der erhoffte Wert der Idee ist, oft auch ihre Verwirklichbarkeit. Der Bereich der neuen Ideen ist per definitionem der, wo es die wenigsten Kriterien gibt, weil der gesunde Menschenverstand als einzige Richtschnur dafür gilt, inwieweit die neuen Ideen den alten ähneln, also nicht original sind, während die formale Logik nur den "inneren Zusammenhang" eines geistigen Produkts beurteilt, nicht aber seine möglichen Rückwirkungen auf die Erscheinungswelt. Außerdem ist und bleibt die Berühmtheit des Autors eine der besten Garantien für neue Werte, was übrigens ein ernstes philosophisches und soziales Problem darstellt.

Auf diese Weise wird man innerhalb eines gegebenen soziokulturellen Rahmens eine Abstufung des "Herkunftswertes" definieren, die in mehr oder weniger gleichem Maße durch die Berühmtheit und die sachliche Kompetenz in dem untersuchten Bereich bestimmt wird, die sich für den Aussender der Botschaft feststellen läßt. In der Praxis läßt sich diese Stufenleiter in Klassen einteilen, die man mit einigem Recht mit den sozialen Klassen der intellektuellen Gesellschaft in Verbindung bringen kann. So wissen wir beispielsweise, daß der Preis einer Idee nicht nur mit dem ihr eigenen Wert zusammenhängt, sondern auch mit einer Art Kontostand bei der "Ideenbank", über den ihr Autor verfügt. Dieser Koeffizient kann sehr wichtig sein, denn er führt leicht zu Preisunterschieden im Verhältnis von 1 zu 10.

## 6. Kostenpreis und Wert der Materialien und des Intellektuellen

Jede Art intellektueller Schöpfung erfordert den Gebrauch einer bestimmten Anzahl vorgegebener Materialien, *kultureller Objekte,* unter denen die auffälligsten Bücher und Veröffentlichungen sind, d.h. gehörig materialisierte Ideen der Anderen. Das Dokument ist das Rohmaterial der Idee. Wir werden sehen, daß dieser Begriff des Dokuments in hohem Grade verallgemeinert werden muß, um nicht nur die Mechanismen der symbolischen Zeichenwelt, der Schrift und der intellektuellen Erfindung, sondern die Gesamtheit der kulturellen Erzeugnisse, die die Gesellschaft uns anbietet, miteinzubeziehen. Kein Maler, wie unabhängig er auch sein mag, schöpft ex nihilo aus dem eigenen Genius, sondern immer auf der Grundlage einer Welt von Formen, Farben oder Vorgängen, die ihn umgibt und der er sich bald entgegenstellt, bald unterwirft. Der Künstler schöpft immer in Wechselbeziehungen mit seinem Milieu, und empfängt dies durch die Vermittlung kultureller Materialien, sei es in Form von Sammlungen in Museen, Abbildungen, Reproduktionen, Fotografien oder Diskussionen. Er kann sich nie davon freimachen, mit seinem Milieu im Sinne der Mechanismentheorie gekoppelt zu sein. Die Kosten des kulturellen Materials sind sehr variabel und können nur im Bereich der Symbole und geschriebenen Texte realistisch abgeschätzt werden. Schließlich ist um der Vollständigkeit halber in unserer Analyse der Kosten der intellektuellen Schöpfung, in Parallele zu einer Analyse des Kostenpreises eines industriellen Erzeugnisses, der Begriff der *allgemeinen Unkosten* einzuführen, der auf dem fast mechanischen Funktionieren eines schöpferischen Systems beruht: der Maler malt nicht ohne Leinwand und Farben, der Erfinder erfindet nicht ohne Geschäftskorrespondenz usw. Die Gesamtheit dieser Faktoren kann man mit einem "Aufschlagskoeffizienten" vergleichen, der eine mehr oder weniger ununterbrochene Tätigkeit des schöpferischen Individuums oder Organismus voraussetzt.

Unsere Analyse zeigt, daß statistisch gesehen und ohne (außer in Ausnahmefällen) große Genauigkeit zu erzielen, für jede Art intellektueller Erzeugnisse ein Kostenpreis existiert. In diesem vereinigen sich unabhängig von der Art des Erzeugnisses immer eine bestimmte Anzahl von Faktoren:

die Inkubationszeit des ursprünglichen Schemas, insoweit es neu ist;

die Zeit der Bestätigung, die dieses Schema für seinen Autor objektivierbar macht;
die Zeit der Verpackung oder Normalisierung;
der Faktor Prestigewert, der mit der Stellung des Schöpfers in der Hierarchie der intellektuellen Gesellschaft zusammenhängt;
ein Mehrwert, der die Unterhaltskosten der schöpferischen Gruppe darstellt;
ein Materialpreis, d.h. ein Preis der soziokulturellen Elemente, die in dem neuen Schema verwandt werden.

Dieser Kostenpreis hat keine direkte Beziehung zu dem Wert, den das Schema, das Werk oder die Botschaft im sozialen Feld haben kann; denn dieser wird von anderen, von den obigen völlig unabhängigen Faktoren bestimmt und kann zwischen einem Wert, der gleich dem des materiellen Trägers ist, und erheblichen Werten, die zum Kostenpreis in keinem Verhältnis stehen, schwanken. Unter diesen Bedingungen gleichen sich die Stellung des Schöpfers und die geistige Haltung, die er annehmen muß, denen eines Spielers an, der auf ein Rennpferd eine Wette abschließt. Welche sind dann die Faktoren, die bei der Definition jenes sozialen Wertes mitspielen, von dem wir bisher nur den Residualwert untersucht haben? Wir haben gesehen, daß diese Faktoren mit den Mechanismen der Massenkommunikation der Botschaften verknüpft waren, also sind es diese, von denen ihrerseits die Dynamik des kulturellen Systems abhängig sein muß.
Insoweit sich unsere Betrachtungen zur Einschätzung der Tätigkeit eines Intellektuellen eignen, der eine neue Idee hat oder etwas kreiert, stellt sich das Problem vom sozialen Standpunkt aus gesehen wie folgt: Von dem Moment an, wo eine bestimmte Anzahl von spezialisierten Individuen intellektuelle Schöpfungsfunktionen ausüben, muß der Gestehungspreis solcher Individuen geschätzt werden, und zwar im Vergleich zum Gewebe der gesamten Gesellschaft. Diesbezügliche Studien wurden bereits mehrere Male sowohl in den USA als auch in der UdSSR durchgeführt. Und zwar lassen sich die Kosten verursachenden Faktoren für die vier Stufen, innerhalb denen sich ein Individuum für "intellektuelle" Aufgaben vorbereitet (Volksschule, Gymnasium, Universität, angewandte Fachausbildung), erfassen nach: Erhaltung der biologischen Existenz; Unter-

richtskosten in einer Gruppe; sozialem Produktivitätsverlust und materiellen Investitionen. Hier ein Beispiel:

*Tabelle 2* Herstellungskosten eines Intellektuellen

| | Erhaltung der biologischen Existenz | Unterrichtskosten in einer Gruppe von 20 | Sozialer Produktivitätsverlust | Materielle Investitionen | Teilsummen |
|---|---|---|---|---|---|
| I. Volksschule (10 Jahre) | 600 DM pro Monat | 1 Lehrer 1500 DM | Produktionslos | | |
| | 72000 DM | 9000 DM | 00 | 1000 | 82000 |
| II. Realschule (8 Jahre) | 1000 DM pro Monat | 5 Lehrer $\frac{5 \times 1600}{20} =$ DM 400 pro Monat | Lehrling 4 Jahre/ 5000 DM pro Arbeitsjahr | | |
| | 96000 | 32000 | 20000 | 2000 | 150000 |
| III. Universität ( 5 Jahre) | 1000 DM pro Monat | 10 Lehrer / 2000 DM | keine normale Arbeit | Angewandte Wissenschaft (Ingenieur usw.) | |
| | 60000 | 60000 | 50000 | 10000 (Theorie 2000) | 180000 (182000) |
| IV. Fachausbildung (5 Jahre) | 1500 DM pro Monat | 3 Lehrer / 2000 DM für eine Gruppe von 5 | Gewinn der halben Arbeitszeit | | |
| | 90000 | 25000 | 25000 | 3000 | 143000 |
| | 318000 Leben 318000 | 126000 Bildung 237000 | 9̕5000 | 16000 | |

Globalsumme: 555000

## 7. Der Begriff des Mehrwerts

In einem Bereich, der von der Sachwelt so verschieden ist wie der
intellektuelle Markt, kann man die *Marx*sche Wertanalyse unmöglich anwenden. Es bleibt jedoch ein bestimmter Begriff von "plus
value", der zugleich mit dem allgemeinen Gewinn aus einer Idee
und dem individuellen Ertrag für ihren Autor zusammenhängt.
Dieser Begriff wird z.B. bei der Abschätzung, die ein beratender
Ingenieur oder eine Gruppe für den Wert ihrer "Produkte" an-
stellen, eine große Rolle spielen. Er berücksichtigt die Nettover-
gütung für den Einzelnen und andere Größen, die mehr oder weniger mit dem Begriff "Gewinn" zusammenhängen. In unserer Analyse ist der Kostenpreis der Ausdruck einzelner Faktoren, die mit
dem schöpferischen Mechanismus zusammenhängen. Der "Ein-
kaufspreis" existiert kaum und wird durch ein Indikativ der Nachfrage ersetzt, einen sozialen Wert, der mit dem Kostenpreis in keiner direkten Verbindung steht. Es wäre sicherlich ein Irrtum, wie
im Handel oder in der Güterwirtschaft die Differenz wischen Ein-
und Verkaufspreis einem Gewinn im strengen Sinne des Wortes
anzunähern; denn diese hat für den Schöpfer weder die Bedeutung noch den Einfluß auf seine Produktion, den man mit dem
Begriff des Gewinns zu verbinden pflegt. Der "Mehrwert" im hier
verwandten Sinne ergibt sich aus dem Bedarf des Schöpfers nach
Lebensunterhalt, und zwar auf eine nicht sehr präzise Weise, die
zu den Faktoren des Marktes und der Nachfrage in keiner Beziehung steht. Vielmehr wird er diese eher wie wohltätige oder un-
glückliche Zufälle ansehen. In der Tat ergibt sich an diesem Punkt
der Untersuchung, daß die Einstellung des intellektuellen Schöpfers, gleich ob es sich um einen Maler, einen Romanschriftsteller,
einen Erfinder oder um einen beratenden Ingenieur handelt, eher
einem Glücksspiel ähnelt als einem Handel, der auf der Spanne zwischen Kostenpreis und Verkaufspreis basiert. Der Schöpfer schätzt
auf eine Weise, der die Rationalität nicht gänzlich abgeht, den
Kostenpreis seiner Idee ab, greift damit aber absolut nicht der Abschätzung ihres Wertes vor, die eine soziale Entscheidung ist und
auf völlig anderen Faktoren beruht.
Nur von Büros beratender Ingenieure, Verbänden technischer Zeich-
ner, Werbefachmännern, Redaktionsbüros und bis zu einem gewissen Grade von Zeitschriftenredaktionen kann man sagen, daß
sie Systeme verwirklichen, die auf dem Handelsverkehr der intel-

lektuellen Waren basieren und die Regeln von Angebot und Nachfrage bzw. Kostenpreis und Verkaufspreis berücksichtigen. Dies sind aber genau die Systeme, die nur schwach kulturell schöpferisch wirken oder bei denen die schöpferische Tätigkeit als solche nur einen kleinen Teil der gesamten Tätigkeit ausmacht.

## 8. Persönliche Kultur und Kreativität

Ausgehend von der Annahme atomischer Elemente einer Kultur, die für jeden Einzelnen in einem besonderen soziokulturellen Rahmen aktualisiert ist, haben uns vorausgehende Kapitel mit dem Gedanken einer Inkubation der kulturellen Erzeugnisse und darüber hinaus dem eines Flusses der Kulturelemente selbst vertraut gemacht. Dieser Rahmen, der das Milieu widerspiegelt und von dem wir gezeigt haben, daß er in der modernen Welt mehr einem Mosaik ähnelt als einem geordneten Maschennetz, ändert sich in jedem Augenblick. Neue Mosaikstücke kommen und verdrängen die alten, neue Verbindungen entwickeln sich, das Mosaik erweitert sich, jeder Einzelne fügt seine eigenen Ideen hinzu, bringt sie in Umlauf, empfängt sie aufs neue aus dem sozialen Milieu, in dem er lebt, verzerrt seine alten Ideen, produziert neue Elemente.

Die Kreativität ist nicht eine seltene und bemerkenswerte Eigenschaft außergewöhnlicher Wesen; denn Schöpfen ist für die meisten Individuen Teil des Lebens selbst, und der einzige Unterschied zwischen ihnen ist quantitativer Natur: er bezieht sich auf den Wert dessen, was sie schaffen (sozialer Wert, universeller Wert) und auf die Häufigkeit dieser Handlungsweise, die wiederum mir ihren Lebensumständen zusammenhängt. *Die Kreativität ist jene Fähigkeit, vermittels derer der Geist die Elemente des Bewußtseinsfeldes auf eine Weise neu ordnet, die original ist und die Eigenschaft besitzt, in einem bestimmten Erscheinungsfeld Handlungen hervorzurufen.*
Dies bedeutet die Existenz von zwei Feldern: zum einen des Bewußtseinsfeldes, das sich aus der Summe der kulturellen Atome und der Wahrnehmungen zusammensetzt, und zum anderen des Erscheinungsfeldes, welches die physikalische Umgebung ist, aus der uns Nachrichten erreichen. Jedes Individuum ist schöpferisch, zumindest in seiner Kindheit, aber bei vielen Menschen verkümmert diese Funktion mehr oder weniger schnell, während andere sie zum Sinn und Ziel ihres Lebens machen. Man kann von einer kontinuierlichen

Schöpfung der Kulturelemente sprechen, angefangen von der Idee, Reißverschlüsse auf die Röcke zu nähen, die sich von unten nach oben öffnen und nicht von oben nach unten, bis zu der, das Bild der Welt neu zu zeichnen und in einer mathematischen Formel einzufangen, welch letztere durch die Schranke der Kenntnisse, des Rohmaterials der intellektuellen Schöpfung, bestimmten spezialisierten Individuen vorbehalten ist. Zu den täglichen Kreatoren gehören also der Wissenschaftler, der Dichter, der Künstler, der Schriftsteller, alle, deren Funktionen mit der Einbildungskraft zusammenhängen, mit Hilfe derer sie für den allgemeinen Verbrauch geeignete Vorstellungen herstellen. Die Mehrzahl der als solche anerkannten Schöpfer sind sich deutlich der Notwendigkeit bewußt, ihre Ideen, als formale Bedingung ihres Wertes, in Umlauf zu setzen und hierfür systematisch die Mittel zu gebrauchen, die die Gesellschaft ihnen bietet. Wir erkennen hier den sozialen Aspekt des Wertes der Ideen wieder, der durch das Echo oder das Weiterleben bestimmt wird, das diese in der Gesellschaft finden.

Nun sind die Kommunikationsmittel äußerst vielfältig. Sie wechseln mit der Art der Botschaft, oft mit dem Grad seiner Komplexität und mit der Empfängerkategorie, an die sie sich hauptsächlich richten. Eine Unterhaltung, eine Vorlesung, ein Buch, eine Zeitung, eine Fernsehsendung sind verschiedene Arten der Verbreitung kultureller Produkte. Von dem Augenblick an, wo alle diese Ideen oder Werke der Vervielfältigung unterliegen, nehmen sie an einem Prozeß der *Ablagerung* teil, indem sie die materiellen Repertoires anreichern, die das Gedächtnis und damit die Kohärenz der Gesellschaft bilden. So sind insbesondere Bibliotheken, Diskotheken, Alben mit Reproduktionen von Kunstwerken oder Filmarchive die Tempel, mit denen die Schätze der Kultur thesauriert werden, und zwar sind diese Schätze im pragmatischen Sinne mehr oder weniger geordnete, aufgestapelte Reserven. So darf man die Wissenschaft zu einem gegebenen Zeitpunkt mit dem Gesamtinventar einer universalen Bibliothek vergleichen. Die großen Biblotheken der Welt sind Enzyklopädien, sind aber dem menschlichen Geist in ihrer Gesamtheit schon durch ihre ungeheure Ausdehnung unzugänglich. Deshalb muß sich jedes Individuum auf seine kleine, tragfähige Enzyklopädie beschränken, nämlich die in seinem Gedächtnis aufgezeichneten Kenntnisse, die zusammengenommen mit der Wissenschaft oder der Nationalbibliothek kaum mehr als einen formalen Aspekt gemein haben, nämlich eine relativ starke Unordnung.

Der Einzelne setzt seine persönliche Kultur zusammen, indem er von der Gesamtheit des kollektiven Gedächtnisses der Gesellschaft ausgeht. In diese eingetaucht, nimmt er an jedem einzelnen der sie konstituierenden Elemente in dem Maße teil, wie es ihm zum Bewußtsein kommt. Aber jede individuelle Kultur ist nur eine reduzierte Auswahl und unterliegt den verschiedensten Verformungen und Polarisationen, die bestimmte Faktoren akzentuieren, andere verdrängen, bestimmte Elemente unterstreichen, disparate Tatsachen in Verbindung bringen, kurz, die beim Einzelnen anzutreffende Auswahl ist eine "schlechte" Auswahl im statistischen Sinne. Sie ist wenig typisch für den Zusammenhang, aus dem sie stammt. Dennoch ist es diese Einrichtung des Gehirns, von der wir bereits einige charakteristische Gesichtspunkte mit dem Begriff "Mosaikkultur" umschrieben haben, die den einzelnen Mitgliedern der Gesellschaft und insbesondere denen von ihnen, die ihre Funktion oder Berufung zu Schöpfern macht, als Ausgangspunkt für die Erzeugung neuer Ideen, neuer Formen, Formeln und Werke dient, die sie im sozialen Feld durch die Kreisläufe der Massenkommunikationsmittel in Umlauf bringen und die in einem späteren Stadium ihrerseits die soziokulturelle Tabelle bereichern, um selbst wieder als Material für neue Schöpfungen zu dienen. So zeichnet sich ein geschlossener Kreis ab, der sich in Funktion seiner eigenen Beschaffenheit entwickelt, außerdem in Funktion der Ereignisse in der Sachwelt. Wir werden ihn *soziokulturellen Zyklus* nennen.

## 9. Die Elemente des soziokulturellen Zyklus

Der Begriff des Zyklus, Grundlage einer Kulturdynamik, wird uns
im weiteren Verlauf unserer Darstellung als Leitfaden dienen. Die
genauere Untersuchung verschiedener Elemente dieses Zyklus in
spezifischen Ausdrucksbereichen wird es uns ermöglichen, mitunter sogar in Zahlen das Spiel der Parameter zu präzisieren, durch
die er definiert wird.

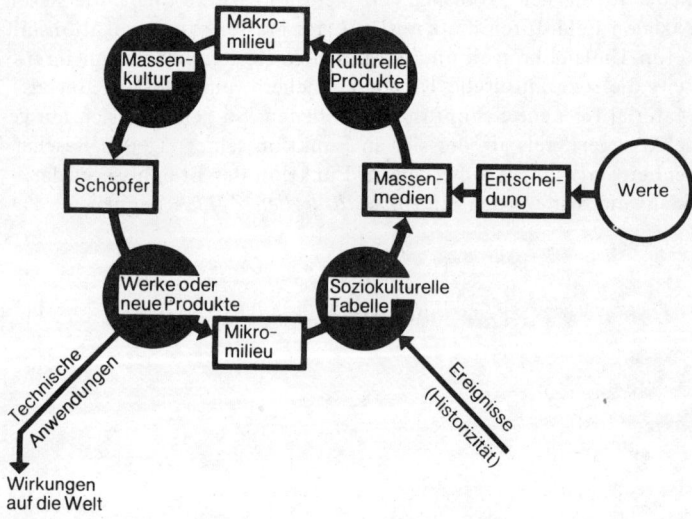

*Abb. 4*    Der soziokulturelle Zyklus auf seine wichtigsten Elemente reduziert. Diese Abbildung zeigt eine schematische Darstellung des Kreislaufs
kultureller Produkte

Ausgangspunkt ist unsere Erkenntnis, daß der schöpferische Einzelne seine eigentliche Funktion ausübt, indem er originale Ideen erzeugt, und dabei von der Gesamtheit der Ideen oder, allgemeiner gesagt, der Gedankenelemente ausgeht, die zu jedem einzelnen Zeitpunkt in seinem Gehirn vorhanden sind. Diese Gesamtheit haben wir die persönliche soziokulturelle Tabelle oder prosaischer die Einrichtung des Gehirns genannt. Die Ideen resultieren, nachdem sie durch die kritische Intelligenz, die Formulierung, die Normalisierung gefiltert und sozusagen in den formalen Gesetzen des rationalen Denkens und der künstlerischen Form untergebracht worden sind, in Werken, die die Elemente der Wissenschaft und des künstlerischen Erbes bilden, kurz gesagt, des kulturellen Gepäcks. Von da an haben sie sich von der Person ihres Autors gelöst und sind mit einem Teil, möglicherweise nur mit einem verschwindend geringen Teil der sozialen Umgebung in Berührung gekommen. Zu dieser Kategorie gehören Bücher, wissenschaftliche Veröffentlichungen und literarische Texte, ebenso wie dieser oder jener Reklameslogan, dieser oder jener Handgriff, der auf der Dienstanweisung in einer Werkstatt beschrieben ist, dieses oder jenes ausgedachte Schlagwort, diese oder jene Anekdote. Die Erscheinungsformen der schöpferischen Tätigkeit sind Legion. Sie übersteigen jede mögliche Aufzählung. Da wir unter "schöpferisch" jede Tätigkeit verstehen, die etwas im weitesten Sinne Unvorhersehbares und Originales erzeugt, ist eine neue Deutung, die ein Schriftsteller in einem Roman über geschichtliche Ereignisse diesen zukommen läßt, im gleichen Sinne eine Idee wie der von einem Maler eingeführte neue Stil. Bei diesen Beispielen handelt es sich um Mikro-Ideen, Mikro-Botschaften, Mikro-Neuheiten, deren Anhäufung die Erneuerung der Grundlagen unseres Denkens bewirkt.

## 10. Das intellektuelle Mikromilieu

Im Rahmen des Mikromilieus gehorcht die Gesamtheit dieser neuen Ideen relativ präzisen soziologischen Gesetzen. Sie verbreitet sich in der Praxis in einer Untergruppe der Gesellschaft, die durch eine bestimmte Anzahl objektiver Charakteristika vollkommen definiert ist. Diese Untergruppe ist stets ein kleiner Teil (z.B. in der Größenordnung eines Tausendstels) der gesamten Gesellschaft und fällt damit unter den Begriff "soziale Klasse", so wie er von der

Soziologie verstanden wird. So verhält es sich auch mit dem Teil der
heutigen Gesellschaft, den man als das "Getto der Intellektuellen"
zu charakterisieren versucht hat. Intellektuelle sind hier diejenigen,
deren Aufgabe es ist, die Ideen, die Kulturelemente zu handhaben,
zu verwalten, ohne eigentlich ihre Nutznießer zu sein. Diese Klasse
hat ihre Organisation und ihre Wertmaßstäbe, die sich nicht notwendig mit dem fiduziarischen Wert decken. Ebenso hat sie ihre
eigenen Ausdrucksweisen, ihre eigenen Verbreitungsmittel kleiner
Reichweite. Es handelt sich hier um ein offenes Getto, das einer
dauernden Inkubation unterliegt und dem manche Individuen nur
zu bestimmten Zeiten ihres Lebens oder ihrer Tätigkeit angehören.
Vor allem ist es nicht immer einfach, die Intellektuellen, deren
Wertmaßstäbe an die finanziellen nicht gebunden sind, von den
Technokraten zu unterscheiden, die mit ihnen den Intelligenzquotienten, die Kultur und ein Minimum an vorausschauendem Geist
gemeinsam haben und die Gegenwart stets etwas im Hinblick auf
die Zukunft organisieren. Uns interessieren hier weniger Definition
und exakte Charakterisierung dieser Klasse als die Kommunikationsmittel, die sie gebraucht, und die Veränderungen, denen sie
die neuen Ideen unterwirft.
Diese Untergruppe wird durch bestimmte, ihr eigentümliche Einrichtungen charakterisiert, für die z.B. Probeabzüge und Sonderdrucke tpyische Beispiele sind, mehr noch aber die Gesamtheit der
Zeitschriften, bei denen der Zusammenhang zwischen dem Wert
ihrer Produkte und ihrer wirtschaftlichen Rentabilität immer ge-
fährdet bleibt und in keinem Falle unter den Wertkategorien ihrer
Herausgeber eine Vorrangstellung einnimmt. Zu diesem Bereich
gehört eine große Anzahl wissenschaftlicher, philosophischer und
literarischer Zeitschriften, wo das Problem für den Autor (oder
Schöpfer) nicht so sehr ist, gedruckt, sondern gelesen zu werden.
Sein Werk existiert erst von dem Augenblick an, wo es in dieser
Untergruppe publiziert oder wenigstens verbreitet ist; denn dieses
Kriterium impliziert ein Minimum an Bemühung um Kontakt mit
der Realität, und sei es nur mit dem Bereich der Zeichen, der
Grammatik und der Sprache. Diese Kontaktnahme ist dem schöp-
ferischen Akt wesentlich und trennt ihn von der Welt des Traumes.
Die Schöpfer können neue Ideen, neue Lösungen, neue Objekte,
neue Strukturen nur in der Welt der Zeichen produzieren, die ent-
weder selbständig oder auf dem Umweg über die Technokraten,
Schriftleiter, Redakteure in die Welt der Objekte eintreten, von

der man sagen kann, daß auch sie im etymologischen Sinne eine "Veröffentlichung" darstellt. So sind ein großer Staudamm und eine neue Maschine ebenfalls "Veröffentlichungen" neuer Ideen. Parallel zu der Beschreibung, die in einer technischen Zeitschrift von ihnen erscheinen würde, sind sie, im Sinne der Kulturökonomie, sichtbare Zeichen der schöpferischen Einbildungskraft, und man findet hier die traditionelle Dialektik zwischen Laboratorium und Planungsbüro auf der einen, Fabrikationsraum und Vertrieb auf der anderen Seite wieder.

Wir bleiben vorerst innerhalb der Zeichenwelt und sehen, wie sich hier aus der Gesamtheit der neuen Ideen aller schriftlich festgehaltenen Werke, eine ungeheure soziokulturelle Tabelle bildet, eine kumulative Welt des Neuen und Unvorhersehbaren, von dem die großen Speicher des Wissens versuchen, Inventare anzulegen. Ihr Ziel ist die Vollständigkeit, die Ansammlung alles Neuen, selbst in seinen unwesentlichsten Formen. Zu diesem Ziel sind bestimmte Einrichtungen geschaffen, wie z.B. die Niederlegung von Pflichtexemplaren. Dieser Anspruch auf Vollständigkeit erweist sich in der Praxis aber stets als illusorisch. Zunächst, weil die Vielfalt der vom Menschen geschaffenen Welt das Volumen seiner Organisationsmöglichkeiten übersteigt, und dann besonders, weil die Registrierung kulturellen Materials in einem Verzeichnis eine Verzögerung bedingt, die sich in Tagen, Monaten oder Jahren beziffern kann, was der Idealforderung der Wissens- oder Kulturspeicher entgegengesetzt ist. In jedem Fall wird deutlich, daß die Funktion der genannten Wissensaufspeicherung sich eher auf die seltenen Objekte, die schwer lesbaren Zeitschriften, Veröffentlichungen mit beschränkter Auflage aus entlegenen Ländern, mathematische Artikel, die nur zehn Menschen auf der Erde lesen können, erstreckt als auf das, was zum Stadium der Massenkommunikation gehört und wofür es Reserven gibt, die zugleich bequemer, zahlreicher und schneller zu erreichen sind.

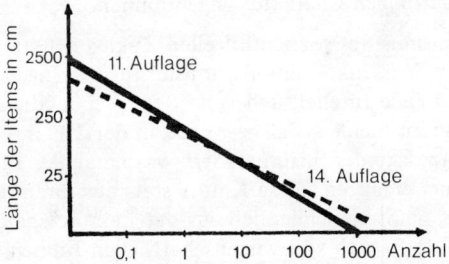

*Abb. 5*   Gehorcht die Wissenschaft Gesetzen einer kulturellen politischen Ökonomie? Dies ist die Anzahl verschiedener Artikel einer gegebenen Länge in zwei ziemlich unterschiedlichen Ausgaben der *Encyclopaedia Britannica*. Auffällig ist der relativ kleine Unterschied zwischen den beiden Kurven, in dem sich eine objektive Tatsache ausdrückt: die Anzahl der Artikel ist der Quadratwurzel ihrer Länge umgekehrt proportional

In der Praxis stößt sich der Begriff der Universalbibliothek an der Schwierigkeit der Übertragung von Botschaften durch Raum und Zeit (von Japan nach Washington) und vom Daten der Schöpfung bis zu dem der Verfügbarkeit. Dieses Hindernis hängt mit dem Begriff der Dokumentation selbst zusammen. Das kulturelle System schafft ihm in der Praxis durch Teilrepertoires Abhilfe, die, mehr oder weniger spezialisert, zugänglich und zeitsparend sind. Der Einzelne begibt sich nur dann zum Reservoir der Kultur, wenn dieses nicht zu ihm kommen kann.

Hier kommt nun das Verhältnis der genannten Systeme, die durch ihre Neuheit und möglicherweise durch eine ihnen eigene Dimension der Intellektualität charakterisiert werden, zu der eigentlichen Verbreitung ins Spiel, die die Massenkommunikationsmittel für sie bewirken. Das heißt, in dieser Etappe des soziokulturellen Zyklus ist die wichtigste Erkenntnis die Unterscheidung zwischen:

1. einer Welt der *Mikrokommunikation,* die von einer dünnen Schicht der Gesellschaft geschaffen, benutzt und getragen wird; sich mehr oder minder die Universalität zum Ziel nimmt und daher außerordentlich vielseitig und schwer zugänglich ist, sowohl in materieller wie in intellektueller Hinsicht;

2. einer *Verbreitung im großen Maßstab,* deren Ziel es ist, das gesamte soziale Feld zu erfassen, also zugänglich zu sein. Sie erfolgt durch Fachleute, deren Rolle es nicht ist, neue Ideen zu schaffen, Formeln zu finden oder das Vorhandene zu strukturieren. Ihre Funktion ist im Gegenteil in erster Linie sozial und fest in der Gegenwart verankert: sie bewerkstelligen vor allem die Verbreitung. Deren Ziele sind nur unklar definiert. Historisch hängen sie mit demokratischen Gedankengängen zusammen, haben aber dann einen wirtschaftlichen Charakter angenommen.

Der Mechanismus des soziokulturellen Zyklus funktioniert auf dem Weg über die Massenkommunikationsmittel, was nachdrücklich zu betonen ist. Viele Intellektuelle und Schöpfer tendieren dahin, vorzugeben und zu meinen, daß wenn sie in der Tat ihre neuen Ideen auf der Grundlage der in ihrem Geist vorhandenen alten Ideen (ihrer Kultur) erzeugen, diese Kultur stets aus ihrem engeren Milieu stammt, das heißt ausschließlich aus der Lektüre spezialisierter Zeitschriften, dem Besuch von wissenschaftlichen Filmen, von Vorlesungen und Vorträgen ihrer Kollegen aus benachbarten Spezialgebieten usw., mit anderen Worten aus einem ständigen Leben im "kulturellen" Milieu, das mit den Massenkommunikationsmitteln wie etwa der Boulevardpresse, den Romanbestsellern, den Erfolgsfilmen und den unterhaltenden Rundfunkprogrammen nur gelegent-

liche Berührungen aufweise. Diese Vorstellung, daß sie von der
großen Masse völlig getrennt seien, ist aber relativ falsch. Alle Untersuchungen über die Einflußmittel der Kultur zeigen, daß sich
der moderne Intellektuelle absolut in keiner Hinsicht von dem
Milieu abstrahiert, in dem er lebt.Insbesondere haben die Methoden
der Inhaltsanalyse und die Untersuchungen über die Verbreitung
von Gerüchten die Verkettungen und verschlungenen Wege gezeigt,
über die bestimmte Ideen nach der Wahrscheinlichkeit dies
oder jenes Individuum erreichen. Dabei zeigt sich deutlich, daß je
weiter ein untersuchter Gegenstand von einer kontrollierbaren Tatsache im objektiven Sinn des Wortes entfernt ist, die soziometrischen Kommunikationskanäle weitläufig sein können. Damit sind
in steigendem Maße die Träger der Botschaften mit einem diffusen
Kommunikationsnebel umgeben, ohne daß man einen Berührungs-
punkt feststellen könnte. Es bildet sich eine Art "Kommunikation
durch Beeinflußung", die es sekundär erscheinen läßt, ob dieser
oder jener einzelne Schöpfer diese oder jene Nachricht in der Presse
gelesen oder nicht gelesen hat, bzw. ob er Radio gehört hat oder
nicht. Andererseits unterstreicht dies für die Struktur des sozialen
Feldes und des kulturellen Milieus die Bedeutung der Massenmedien, die als Absatzkanäle für die kulturellen Waren bzw. als Be-
rieselungskanäle für die Gesellschaft wirken. Deshalb wird es unwichtig, ob der Schöpfer in *direktem* Kontakt mit den Massenmedien steht; denn er ist immer in sie gleichsam eingetaucht, oder genauer gesagt, seine geistige Struktur hängt fast völlig von dem Milieu ab, in dem er lebt.


## 11. Mosaikkultur und Massenmedien

Wir müssen nunmehr wieder das Bild aufnehmen, welches wir
von der Mosaikkultur entworfen haben: Unsere Kultur kommt
uns nicht mehr durch die orientierte Tätigkeit unserer Persönlichkeit zu, die einen von der Erziehung gelieferten Anstoß fortsetzt, sondern durch einen kontinuierlichen Fluß von granularen
Einzelelementen, die durch den allgemeinen Mechanismus der
kulturellen Tätigkeit mehr oder weniger zusammengeballt werden.
Das heißt, sie entsteht nicht infolge einer Bemühung artikulierter
Kenntnisse — was dem eigentlichen Wesen des Lebens im technologischen Zeitalter widerspräche —, sondern durch eine ständige

zum Einzelnen führende Zufuhr des äußeren Milieus in allen seinen Erscheinungen. Dies begründet die Bedeutung, die dem gesamten System der Massenkommunikationsmittel für eine Untersuchung
des Zyklus des intellektuellen Schaffens zukommt. In ihm zeichnen sich die Kreisläufe der Kultur ab, deren Elemente es zu beschreiben gilt.

Die Massenmedien haben eine ganz andere Werteskala und ganz
andere Ziele als die Elemente, aus denen die soziokulturelle Tabelle sich bislang zusammengesetzt hat. Denn Presse, Schallplatten
und Reproduktionen von Bildern gehören rechtens zum soziokulturellen Rahmen und werden in den Bibliotheken und Archiven
aufgespeichert und katalogisiert. In Wirklichkeit aber wirken sie
mit ungeheurer Stärke auf das ganze soziale System. Sie regieren
unsere Kultur, indem sie sie filtern, einzelne Elemente der bestehenden Kultur willkürlich auswählen, ihnen Bedeutung verleihen,
diese Idee aufwerten, jene entwerten und so das gesamte kulturelle Feld polarisieren. Was durch die Massenkommunikationsmittel
nicht verbreitet wird, hat in Zukunft nur noch verschwindend wenig Einfluß auf die Entwicklung der Gesellschaft, obgleich sich
eine leichte Reaktion gegen diesen Zustand von dem Augenblick an
bemerkbar macht, wo eine Kaste von Technokraten aktiv in Erscheinung tritt. Die Massenmedien werden von praktisch orientier-
ten Fachleuten geschaffen und erhalten, und zwar funktionieren sie
nach Wertskalen, die ihnen eigen sind und von den "Fachleuten"
entweder kritiklos übernommen oder nur langsam und geringfügig
verändert werden. Es kommt ihnen zu, nach ganz präzisen Kriterien aus der Gesamtheit des Neuen eine kleine Anzahl von Elementen und Tatsachen auszuwählen. Dabei ist "neu" im weitesten
Sinne zu verstehen, zumal die Neuheit sehr relativen Charakter
haben kann. In den Tatsachen drücken sich geschichtliche Zufällig-
keiten in der Natur aus, soweit sie bewußt zur Kenntnis genommen werden. Bei dieser Auswahl spielt die Wichtigkeit im klassischen kulturellen Sinn — wie sie z.B. ein distanzierter Beobachter
der intellektuellen Welt aufgrund seiner Übersicht über die Grö-
ßenverhältnisse feststellen würde — eine untergeordnete Rolle im
Vergleich zur Verständlichkeit, zum Interesse oder zu irgendeinem
zu erwartenden Wert, also im Verhältnis zu genau den Faktoren, die wir
zur Untersuchung der theoretischen Grundlagen der Inhaltsanalyse benutzt haben. Auf diese Weise wird die Wichtigkeit fast zum Ergebnis
einer autonomen Tätigkeit der Massenmedien, weil diese in der

Lage sind, der Heirat der Prinzessin von Persien in der Vorstellung
der Massen die gleiche Bedeutung zukommen zu lassen wie dem
letzten Fortschritt in der Entwicklung der Atomenergie.
Diese Analyse ist bereits klassisch, es lohnt aber, sie in unseren
Kulturzyklus einzugliedern. Die Auswahl, die von den Leitern
der Massenmedien getroffen wird, behält grundsätzlich einen
zufälligen oder vielmehr halbzufälligen Charakter. Sie ist ein Querschnitt durch die Elemente der Kultur, der aber niemals zu einem
repräsentativen Querschnitt durch die Kulturtabelle in ihrer ganzen Ausdehnung werden kann. Indessen macht der Charakter der
Massenmedien, insbesondere ihre ungeheure quantitative Bedeutung
in der heutigen Gesellschaft, sie zu einem Grundelement eben der
*Mosaikkultur.* Ihr interner Mechanismus ändert sich natürlich mit
der Gattung (Presse, Rundfunk, Fernsehen, Musikverlag oder gar Populärwissenschaft). Für den Augenblick wollen wir annehmen, daß die
Massenmedien eine Gesamtheit von fertigen Produkten anbieten,
die auf dem wirtschaftlichen Markt als Konsumgüter in Umlauf
sind, auf die der Begriff des Preises anwendbar ist und für deren
Betrachtung eine extrem materialistische Anschauungsweise eine
beachtliche Anzahl neuer Gesichtspunkte liefern kann. Wir wissen,
daß ihre Tätigkeit die Verbreitung von Kulturelementen ist und
sich im sozialen Feld auswirkt. Die Atome dieses Feldes ähneln
denen einer Flüssigkeit, indem sie praktisch nicht voneinander zu
unterscheiden sind. Vom Herstellungspunkt aus der an die Masse
gerichteten Botschaften gesehen, sind diese Atome zumindest ano-
nym. Der Begriff des Individuums verliert sich zugunsten der glo-
balen Reaktionen und Eigenschaften, die nur auf statistischem
Wege sinnvoll untersucht werden können. Nun ist aber der einzelne
Schöpfer, den wir an den Ausgangspunkt der kontinuierlichen Erzeugung der Kultur gestellt haben, selbst ein Teil des sozialen Feldes. Er ist zwar ein einzelner Punkt desselben, gehorcht aber den
allgemeinen Gesetzen des Milieus, in welchem er sich befindet. Seine Teilnahme an der Kultur vollzieht sich durch Vermittlung der
Massenmedien, indem er aus dem Fluß der ihn erreichenden Botschaften aufs Geratewohl einige Elemente schöpft, die er in Erinnerung behält. Diese bilden das, was wir die Inneneinrichtung seines Gehirns genannt haben: seine persönliche Kultur, das Material
für sein geistiges Eigenleben. Mit anderen Worten, in dem Zyklus,
der sich mit dem Augenblick schließt, wo wir die Schöpfer in den
Zusammenhang der kulturellen Umgebung eingesetzt haben, die sie

selbst formen helfen, ist ein weiterer wichtiger und dem Zufall unterworfener Prozeß enthalten, nämlich die Auswahl, die jeder Einzelne aus der Masse der Botschaften trifft, die aus der Außenwelt auf ihn zuströmen. Es handelt sich hier um das Problem der Erinnerung und Wahrnehmbarkeit der Massenbotschaften, wobei wir unter "Massenbotschaften" die durch die Massenmedien ausgestrahlten verstehen wollen. Insoweit sich die Schöpfer in bezug auf ihr Erinnerungsvermögen vom Durchschnitt der anderen sozialen Atome unterscheiden, ist dies mehr eine quantitative als eine qualitative Angelegenheit. Wir haben bereits betont, daß auch die meisten Menschen zu irgendeinem Augenblick ihres Lebens Schöpfer sind. Da es sich bei der Kreativität um eine Fähigkeit handelt, die allen Menschen gemein ist, wohl aber bei einigen Individuen akzentuiert auftritt, gilt es, die numerischen Faktoren zu präzisieren, die bestimmte Individuen von den übrigen unterscheiden.

Was immer einige von ihnen vorgeben mögen, die Intellektuellen leben weder in einem elfenbeinernen Turm noch in einem Kloster; sie lesen die Zeitung, gehen ins Kino, hören Radio und sehen fern. Wo dies nicht geschieht, leben und unterhalten sie sich mit Menschen, die ihrerseits direkt unter dem Einfluß der Massenmedien stehen. Diese erzwungene, akzeptierte oder gewollte Teilnahme der Schöpfer an der ihnen zugehörigen Mischung von Ideen, Kenntnissen und Vergnügen der Gesellschaft, diese Osmose zwischen der wissenschaftlichen Gesellschaft und der der Menschen im allgemeinen, hat zu allen Zeiten existiert und in besonderem Maße während der großen Epochen der Kulturgeschichte, sei es im alten Griechenland, in der Renaissance oder im 20. Jahrhundert. Sie hat aber neuerdings mit der Entwicklung der Massenkommunikationsmittel einen ganz neuen Aspekt angenommen, der eine Revolution in der wissenschaftlichen Gesellschaft bedeutet. Die Einstellung zur Logosphäre und die ausdrückliche Anerkennung der ständigen Berührung mit der Flut von Ideen, Werten und Anschauungen, mit denen die Gesellschaft jeden Augenblick und allerortens überschwemmt wird, ändert sich weitgehend mit der Kategorie von Schöpfern, mit denen man es zu tun hat. Der Filmproduzent, der Künstler und der Romanschriftsteller sind oft geneigt anzuerkennen, daß sie ihre Epoche widerspiegeln oder jedenfalls daß sie mit ihr verbunden sind, insbesondere daß sie dauernd unter dem Einfluß von Rundfunk, Film, Fernsehen und Presse stehen. Analog haben die Exegeten der Musik und Literatur sich stets darin gefallen, die Verkettung von Einflüssen und Ideen zu verfolgen, wenn auch nicht immer ganz ohne Willkür und Irrtümer. Sie sind es, die das Vokabular der intellektuellen Alchimie eingeführt haben, selbst wenn das Milieu zur Zeit des betreffenden Schriftstellers sich auf ein Dorf, eine Gruppe von Freunden oder ein paar Bücher beschränkte. Andere Arten von Schöpfern, speziell die Wissenschaftler, tendieren dahin, die dauernde Osmose zwischen dem alltäglichen Milieu, der soziokulturellen Tabelle und dem ganz besonderen, mit soviel Mühe künstlich hergestellten, so fremdartigen Erscheinungsfeld, das ihr unmittelbares Arbeitsgebiet ist, kategorisch abzustreiten. So neigt der Mathematiker dazu, zu denken, daß zwischen der Welt seiner Symbole und der Tagespresse eine in beiden Richtungen völlig undurchdringliche Trennwand bestehe. Ebenso meint der Physiker oder Chemiker, daß die Gegenstände, die er in seinen Veröffentlichungen vorführt, um seine experimentelle Arbeit zu erklären, völlig und gänzlich von den politischen Informationen, dem letzten Theatererfolg und den Gefühlsverwicklungen der Königin von Persien unabhängig seien. In Wirklichkeit aber ist dies eine recht oberflächliche Ansicht über die tatsächlichen Mechanismen des Geistes, indem willkürlich eine Unterbrechung in unseren Denkprozessen unterstellt wird. Der Wissenschaftler ist wie andere Menschen mit der alltäglichen Welt und der Logosphäre der Botschaften verbunden, und zwar nicht nur durch den Kanal der technischen Anwendungen, sondern auch durch die Gesamtheit der Infrastrukturen des Denkens, die ans Tageslicht zu bringen, die Aufgabe einer Art Psychoanalyse des wissenschaftlichen Denkens wäre. Auf dem Niveau des Menschen macht die Natur keine Sprünge, und der menschliche Geist ebensowenig.

*III. Kapitel*

# Die Kreisläufe der Verbreitung der Kultur

## 1. Notwendigkeit einer "Zyklentheorie" der Kultur

Welches ist das Wesen und die Form der kulturellen *Kommunikationskreisläufe* (Zyklen), deren Existenz wir schon angedeutet haben, die sich aber jeweils mit der Art der einzelnen Kanäle ändern und letzten Endes mit der äußeren Beschaffenheit der beförderten Botschaften? Wir wollen einigen der Kanäle, welche die Kultur von ihren Schöpfern bis zu den Verbrauchern befördern, einen kurzen Abschnitt widmen, worin zu zeigen sein wird, wie diese in einem späteren Stadium Reaktionen bis zum Niveau des schöpferischen Werkes zurückbefördern; mit anderen Worten: den Weg, auf dem die kulturellen Botschaften von ihrem Hersteller zum Verbraucher im weitesten Sinne gelangen, d.h. bis zu jener Eingliederung gegensätzlicher Elemente in das Gehirn des durchschnittlichen Individuums, aus der die Kultur entsteht, in seinem Verlauf durch die Gesellschaft eine Reihe von Etappen enthält, die oft in sich komplex ist und in der die einzelnen Etappen aufeinander einwirken. Die vereinfachte Vorstellung, nach der der Schöpfer eines Kunstwerks oder wissenschaftlichen Textes die Masse der Öffentlichkeit in konzentrischen Kreisen bewegt wie ein ins Wasser geworfener Stein, gilt hier nicht, weil es zwischen den verschiedenen Verbreitungssystemen *Koppelungen* im Sinne der Kreislauftheorie gibt, durch die die verschiedenen Etappen auf dem Weg vom vereinzelten Individuum bis zur Gesellschaft einander beeinflussen. Daher ist es notwendig, für jeden einzelnen kulturellen Kanal ein Schema aufzustellen, das genügend realistisch ist, um die wichtigsten mitspielenden Faktoren herauszustellen.

Nun ist es nicht unsere Absicht, eine rationale und erschöpfende Klassifizierung der kulturellen Botschaften zu versuchen; es sind ihrer zu viele, sie wechseln selbst in ihrer Definition, und überdies sind die Elemente, die bei der Definition mitspielen, eher gegensätzlicher Natur. Die Größen, die wir behandeln werden, sind selbst schon sehr verschiedener Natur, und ohne Beförderungsmittel und Befördertes zu trennen, werden wir unsere Aufmerksamkeit auf die Reaktionen konzentrieren, die sich auf die Produktion der kulturellen Gegenstände oder Waren auswirken. Zum Beispiel ist der Film eine "populäre" Kunst, dessen Publikum in die Hunderte von Millionen geht, während das Theater eine "anti-populäre" Kunst ist, die sich im Höchstfall an einige zehntausend Personen richtet. Die Malerei richtet sich, je nachdem ob sie durch den Verstärker-kanal der Reproduktion geht oder nicht, an *einige* Individuen oder *einige Millionen* Individuen.

In der Masse existiert die Kunst in unserer Zeit praktisch nur durch die Kopie: der Triumph der Kultur bedeutet derzeit, daß die Eroica neben dem Staubsauger im Schaufenster liegt und das Leben eines Philosophen in Bilderserien verbreitet wird. Dieser Triumph ist wohlgemerkt ausschließlich quantitativer Natur und entspricht damit der pragmatischen Auffassung, die in diesem Buch der Vorstellung der Kultur zugrundeliegt. Wie immer die Qualität der übertragenen Botschaften sein mag, wir leben in der Epoche einer Mosaikkultur, und deren Perspektive bildet die Grund-lage für eine Soziodynamik des kulturellen Feldes: Sie wird daher immer am Begriff der *Größenordnung* festhalten. Beispielsweise bil-den die Kreisläufe der Bildergalerien, obwohl sie möglicherweise in einem Mikromilieu von einigen Dutzend oder Hunderten von Indivi-duen bestehen, quantitativ eine gewaltige Kapitalmenge von Energie und Botschaften, auch ohne daß sie den Prozeß der Kopie durch-laufen. Andererseits können manche Kreisläufe im Bereich des Films, trotz der Millionen von beteiligten Individuen, nur eine be-schränkte Bedeutung für die Kultur haben. Praktisch entspricht die Größe, die die relative Wichtigkeit der Kulturkreisläufe anhand einer entsprechenden sozialen Menge einschätzt, der von uns in futurologischen Studien definierten "Masse einer sozialen Tat", bzw. dem Produkt der *Zahl* der beeinflußten Individuen, mal dem *Grad,* mit dem sie durch ein spezifisches Medium beeinflußt sind. Sie ist selbstverständlich korreliert mit dem Produkt: Zahl von Zeichen mal Zahl der Kopien (oder Nettozahl der Zuhörer oder Zuschauer). Dies gilt für alle durch Kopien oder Massenmedien verbreitete Sy-steme.

## 2. Allgemeine Eigenschaften der Kulturkreisläufe

Die hier zur Diskussion stehenden Systeme haben stets eine Anzahl gemeinsamer Aspekte und bilden praktisch nur Varianten eines allgemeinen Schemas. Indem wir dieses allgemeine Schema erfassen, werden wir die elementaren Mechanismen finden, welche die Situation des Künstlers oder wissenschaftlichen Schöpfers im Verhältnis zur Gesellschaft bestimmen sowie einige ihrer Triebfedern erkennen. Es zeigen sich drei Hauptelemente der Kreisläufe in der Verbreitung der Kultur:

1. Die Verbreitung des Werkes, sei es das Manuskript eines Dichters, eine technische Abhandlung über Elektrochemie oder eine Skulptur, bedingt immer mehrere Etappen, und zwar mindestens zwei. Die erste spielt sich innerhalb der Beziehung des Schöpfers zu einer Gruppe ab, in welcher sein Werk verbreitet wird (Verlagsgesellschaft, Freundeskreis, mehr oder weniger exklusive Galerie). Die Beziehung ist hier direkt: von Mensch zu Mensch, von Wille zu Wille. In der zweiten spielen die Massenverbreitungsmittel mit, d.h. das Prinzip der Kopie und damit die Vervielfältigung des Werkes, die oft recht gegensätzliche Aspekte zeigt, z.B. im Falle einer Skulptur, deren Vervielfältigung nur fotografisch sein kann, also das Werk in zwei Dimensionen zwängt. Meistens schiebt sich zwischen diese beiden Etappen eine dritte, die des Mikromilieus, das in der Gesamtheit seiner Aspekte die "intellektuelle Stadt" bildet.

2. Sämtliche Verbreitungssysteme besitzen auf jeder Ebene eine eingebaute Rückkoppelung. Damit ist gesagt, daß die Handlungen der kreativen Individuen oder Gruppen nicht unbewußt und blind sind, sondern die Ergebnisse berücksichtigen. Praktisch nehmen diese Reaktionen oder Ergebnisse in den eben unter 1. geschilderten beiden Etappen sehr verschiedene Formen an. Die Reaktion der Gruppe von Individuen auf die Handlungsweise des Künstlers oder Wissenschaftlers und ihre Rückwirkung auf ihn ist im wesentlichen durch psychologische Faktoren bedingt; sie beeinflußt die geistige Haltung des Schöpfers, seine intellektuelle Position, seine Pläne und damit seine zukünftige Produktion. Dagegen hat die Reaktion im Stadium der Verbreitungssysteme wirtschaftlichen Charakter. Sie gehört zu jener Ökonomie der Kultur, die die Massenmedien ins Leben gerufen haben, und geht von existierenden Werken aus, auf die sie eine Filterung ausübt, ohne damit die Werke selbst zu verändern.

3. Unabhängig von ihrer sonstigen Natur sind die Reaktionssysteme fast immer vielfach gegliedert. Zum Beispiel beeinflußt die öffentliche Meinung die Politik einer Galerie; die Einkünfte des Verlegers beein-

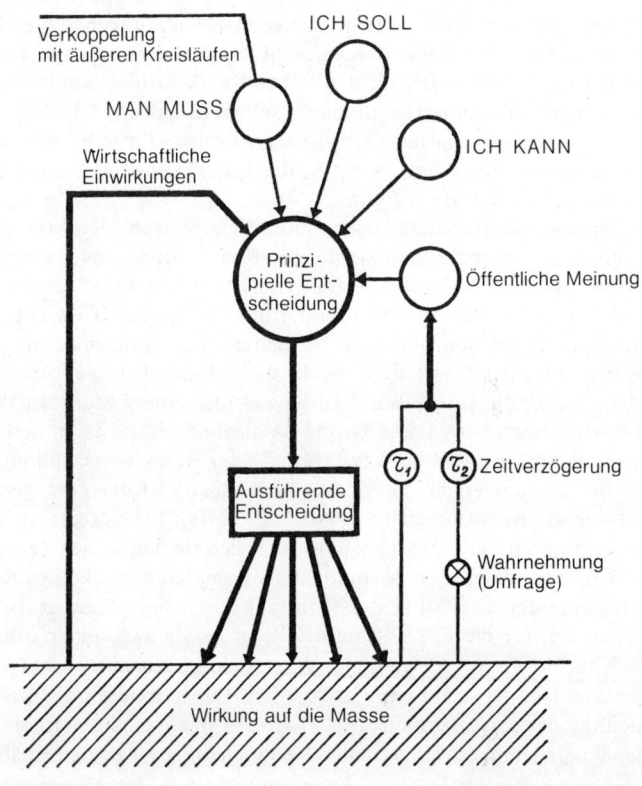

*Abb. 6*   Der Entscheidungsvorgang in einem auf die Masse wirkenden Organismus. Theoretisches Organogramm für die Psychologie einer Entscheidung nach den Vorstellungen von Kurt Lewin.. Bei einer Entscheidung sind stets zwei Stadien zu unterscheiden: das prinzipielle und das der Ausführung. Die prinzipielle Entscheidung bedingt eine Abwägung verschiedener Faktoren wie: "Ich muß"; "ich kann"; "es ist nötig", und die voraussehbaren Auswirkungen der Entscheidung: Abschätzung der wirtschaftlichen und der psychologischen Folgen; schließlich die "Reflexion" des Wesens, das die Entscheidung trifft, auf die Masse derjenigen, die es "führt", ein reflektiertes Bild, das erst nach einiger Zeit zu ihm durchdringen wird

flussen die künftigen Werke eines Autors. Dabei sind aber fast immer mehrere Reaktionssysteme parallel geschaltet und ihre Einwirkungen laufen manchmal in verschiedenen Richtungen. Jedes Reaktionssystem bildet selbst einen geschlossenen Mechanismus. So ist
der der literarischen und musikalischen Kritik wohlbekannt; der der
öffentlichen Meinungsforschung ist sehr rational und objektiv; während andere Mechanismen sehr differenziert und durch besondere
Faktoren orientiert sind, wie z.B. die Unterhaltungen bei der Er-
öffnung einer Kunstausstellung.

Jedenfalls sind alle diese sogenannten "vierpoligen" Reaktionssysteme stets — sobald man sie definiert hat — durch zwei allgemeine numerische Größen charakterisiert: Die erste ist die *Bedeutung* (im quantitativen Sinn) ihrer Einwirkung, das "Gewicht",
mit dem sie auf dem weiteren Verhalten des Organismus, mit dem
sie gekoppelt sind, lasten: Gewicht der öffentlichen Meinung, Gewicht der Kritik, Einfluß des Interesses, das eine wissenschaftliche
Doktrin erregt, usw. Diese Größe ist algebraisch; sie kann actio
oder reactio sein und zu Verstärkung oder Blockierung führen. Die
zweite, von der ersten so gut wie unabhängig, ist die *Verzögerung,*
mit der die Reaktion sich auswirkt. Die öffentliche Meinung ist
ein fortschreitender Mechanismus, der sich im Laufe der Zeit entwickelt und einige Zeit braucht, um die späteren Werke des Ro-
manciers oder die Politik der Kunstgalerie zu beeinflussen; das
gleiche gilt für die Entschlüsse des Programmbeirats einer Rund-
funkstation. Es ist Aufgabe der Wissenschaft, aus der Wirklichkeit
verständliche Abstraktionen abzuleiten. Daher muß eine Untersuchung der Kulturzyklen solche Größen unter einem statistischen
Aspekt und mit größtmöglicher Vereinfachung zu begreifen suchen.

Wir wollen nun im Folgenden versuchen, die in den Hauptspielar-
ten der kulturellen Kanäle zusammenwirkenden Faktoren zu unterscheiden, schematisch zu erfassen und für jeden Kanal die Größenordnung der numerischen Elemente anzugeben, von denen er bestimmt wird.

## 3. Die gedruckte Botschaft

Das Verlagswesen ist eine kulturelle Technik auf der Grundlage des
typographischen Druckverfahrens, gründet sich also ausschließlich auf
der Kopie. Im Gegensatz zur Malerei beruht seine Wirkung auf die

Masse auf einem quantitativen Prinzip, denn in der heutigen Welt
bildet der Anteil handschriftlicher, durch Brief oder Manuskript
des Autors verbreiteter Ideen einen verschwindend kleinen Prozentsatz der in der Welt im Umlauf befindlichen Masse von Ideen, gemessen in Leserzahl mal Stunden. Praktisch existieren die Ideen
nur, wenn sie gedruckt sind, und die eigentliche Aufgabe des Verlegers ist es eben, sie zu drucken und zu verbreiten. Bekanntlich
hat die Aufgabe des Verlegers in dem Maße an Wichtigkeit zuge-
nommen wie sie weniger gut definiert wurde, während die des
Druckers mit fortschreitend besserer Definition und Annäherung
an eine technische Fertigkeit mit begrenztem Aufgabenfeld an
Bedeutung stets abgenommen hat. Früher war der Verleger in erster Linie selbst Drucker, heute ist er vor allem Zwischenhafen der
Kultur, Massenumschlagplatz, Vertrieb kultureller Waren, und seine Rolle wächst mit der Vielfalt seiner Aufgaben.
Der schriftlich festgehaltene und gedruckte Gedanke ist eins der
wichtigsten Elemente der Kultur. Er faßt die künstlerischen Werke
des Denkens mit den wissenschaftlichen in einem gemeinsamen
Modell zusammen: in die *Welt des Wortes,* ungenau oder treffend,
ästhetisch oder semantisch. Diese Ähnlichkeit, die das Modell der
Typographie der Verbreitung so unterschiedlicher Ideen wie literarische und wissenschaftliche Gedanken es sind, auferlegt, erscheint
vom Standpunkt einer Soziologie des Verlagswesens aus gesehen
in der Tat wie ein Zufall, bei dem in Wirklichkeit sehr verschiedenartige Verbreitungssysteme aufeinandertreffen. Der durch den Kanal auferlegte Zwang ist zwar heute sehr fühlbar, entstammt aber
einer Verschiedenartigkeit, die man in der Renaissance nicht emp-
funden hat. Das wissenschaftliche Denken hätte sonst seine Verbreitung in einem völlig anderen Kanal organisieren können, z.B.
in dem des graphischen Denkens (Zeichnungen und schematische
Darstellungen). Dies hat es nicht getan und muß daher kämpfen,
um die ihm eigenen Formen (mathematische Gleichungen, Formeln, Schemata, Strichfiguren) dem dafür schlecht geeigneten Kanal des Buchdrucks aufzuzwingen.
Die Kluft zwischen der "Universalkultur", die allen zugänglich zu
sein meinte, und der wissenschaftlichen Kultur hat sich seit dem
Ende des 18. Jahrhunderts unablässig vergrößert und ist zwischen
1920 und 1940 maximal gewesen. Sie war durch das Erziehungs-
system geheiligt, und erst neuerdings hat die Wissenschaft mit Gewalt den Durchbruch in den Alltag und die Welt der Kinder und

Jugendlichen erreicht, und zwar hauptsächlich auf dem Weg über einen neuen Mechanismus: den der sogenannten *Populärwissenschaft* oder *Erwachsenenbildung,* deren endgültige Wesenszüge, besonders ihre Beziehungen zur allgemeinen Kultur, noch nicht fixiert sind.

Der Verbreitungskanal des Gedankenguts, wie ihn das Verlagswesen darstellt, bedingt technisch:

die *Schöpfung* der Ideen durch den Autor, sei es daß sie rein zufälligen Charakter hat wie im dichterischen Schaffen, sei es daß sie, wie ein wissenschaftliches Werk, dem Ausdruck eines Milieus entspricht;

die *Formgebung,* was die Aufgabe der Redaktion im eigentlichen Sinne ist und verschiedene Eigenschaften bedingt;

die *Normalisierung*, die der gegenwärtig durch die Maschinenschrift erfüllten Aufgabe entspricht und dem Manuskript seine Einzigkeit nimmt;

die *Akzeptierung* durch ein Verbreitungssystem, die einen der ersten Auswahlmechanismen für das Gedankengut darstellt (Filterung

die *Herstellung von Kopien* durch den Druck, und zwar in Mengen, die niemals unter einigen Tausend liegen;

die *Verbreitung* im eigentlichen Sinne anhand eines differenzierten Mechanismus, der eine zweite Filterung darstellt;

die *Assimilierung* durch den individuellen Verbraucher. Im Falle des symbolischen Gedankenguts, den der schriftliche Kanal darstellt trennt sie sich deutlich von den vorausgehenden Stadien, denn es existiert eine enorme Anzahl von geschriebenen Werken, die in hoher Auflage verbreitet sind und dennoch nicht die mindeste Auswirkung auf das Milieu haben, in dem sie verbreitet werden.

## 4. Der Buchverlag

Abbildung 7 zeigt den normalen Kreislauf der Verbreitung gedruckten Gedankenguts entsprechend den soeben angeführten wichtigsten Etappen. Die Zeitspannen in den verschiedenen Zweigen
sind Mittelwerte, die aus einer Untersuchung des Verlagswesens in
den Vereinigten Staaten und in Westeuropa stammen. Diese Zeitspannen unterliegen in der Praxis starken Schwankungen und auf
ihnen beruht ein Teil der Konkurrenz auf der Ebene der Roman-
literatur, auf der verschiedene Verleger sich die Zeit streitig machen, die dem Publikum zur Lektüre zur Verfügung steht. Hier ist
der relativ starke Einfluß des Milieus auf das Verbreitungssystem
anzumerken, der sich aber a posteriori und daher letzten Endes
kaum auf dem Niveau der Schöpfer im eigentlichen Sinn auswirkt.
Es geschieht alles, als gäbe es ein beständiges Reservoir von Autoren, das von der Verbreitung weitgehend unabhängig und in seinen
Reaktionen von den Mechanismen des Verlagshauses fast abge-
schnitten ist: zwischen den Verlagshäusern und den Autoren ist
die Koppelung also am schwächsten.

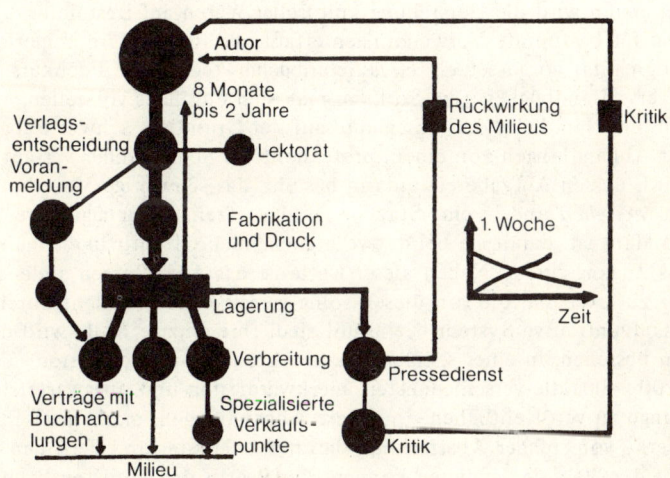

*Abb. 7* Vereinfachtes Organogramm der wichtigsten Elemente, die im
soziokulturellen Kreislauf des Buches intervenieren

Im übrigen bildet sich eine Tendenz zur Trennung der Funktionen der Schöpfung von Ideen und der Verfertigung von Manuskripten heraus, und zwar durch Vermittlung des *rewriter* oder *ghost writer,* der praktisch ein Neukömmling 'im Mikromilieu der Schöpfer ist. Dieser hat eine wohldefinierte, relativ gut bezahlte Funktion und stellt sich in den Dienst der Schöpfer von Ideen, um die Botschaft konfektionsreif zu konditionieren. Das Buch nach Maß, das auf Bestellung eines Verlegers von einem "reinen" Intellektuellen und einem beruflichen Schriftsteller hergestellt wird, die als professionelles Team zusammenarbeiten, scheint die häufigste Form der gedruckten Literatur von morgen darzustellen; sie spiegelt einen beständigen objektiven Bedarf der intellektuellen Kultur unserer Epoche wider. Im Gegensatz hierzu scheint es, als könne die Auflage von Werken hohen intellektuellen Niveaus in Zukunft erheblich verringert werden, indem Bibliotheken, Nachschlagewerke und Dokumentationen steigende Bedeutung annehmen, und Photokopie auf Bestellung sich mehr einbürgert, und zwar vor allem angesichts der Unfähigkeit der Menschen, die Produkte der geschriebenen Kultur zu verbrauchen und der Gefahr, daß die Menschheit in ihrem eigenen bedruckten Papier ertrinkt.

Hier zeigt sich in Umrissen die Differenzierung mehrerer Zyklen. Im ersten wird die Herstellung kultureller Waren auf Bestellung und für bestimmte Verwendungen erfaßt, die in der Ware keinerlei Originalität voraussetzen, etwa Schulbücher, technische Fachkurse, diverse Handbücher usw. So kann man sich durchaus vorstellen, daß ein Handbuch der Geschichte auf der Grundlage schwer lesbarer Abhandlungen von einem professionellen Schriftsteller verfaßt wird, dessen Aufgabe eben darin besteht, das schwierige Material zu *verstehen* und in eine Sprache zu übersetzen, die genügend redundant ist, damit sie bei der verbrauchenden Öffentlichkeit mühelos Zugang findet. Neben dieser Kette ist das Aufkommen anderer zu erwarten, die von diesen völlig verschieden und nicht durch das quantitative System beeinflußt sind. Ihre einzige Rolle wird darin bestehen, in einer sehr begrenzten Anzahl von Exemplaren (100−400) die verschiedensten, merkwürdigsten und unerwartetsten Dinge zu veröffentlichen: unlesbare Abhandlungen, mathematische Werke von solcher Abstraktion, daß nur zwei oder drei Personen auf der Welt sie verstehen können: der Begriff der Veröffentlichung wird hier eher die *Aktualisierung* des Produkts bedeuten.

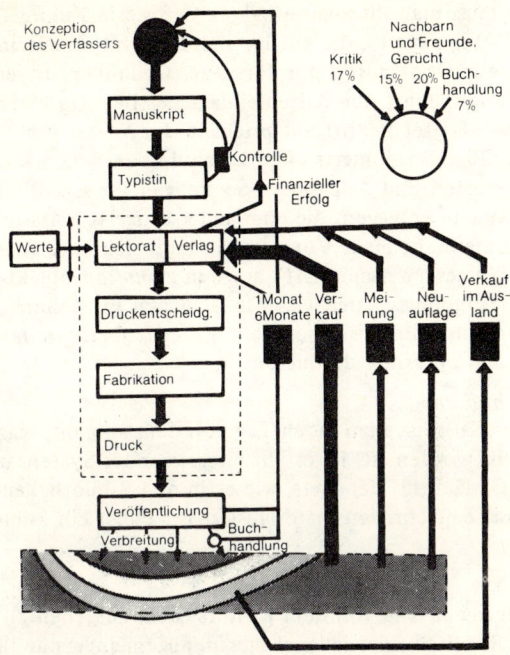

*Abb. 8* Detailliertes Organogramm der Produktionskette eines literarischen Erzeugnisses. Das Organogramm zeigt die beiden wesentlichen Blöcke beim Verlag eines Buches: die *persönliche Ebene* (Konzeption des Autors, Manuskript, Normalisierung durch die Schreibmaschine) und die *kollektive* oder bürokratische Ebene, die dem Verleger anheimfällt, aufgegliedert in *Lektoren,* die das Werk in Funktion von sozialen oder mikrosozialen, vom Autor unabhängigen Werten beurteilen und über seine Veröffentlichung entscheiden, sodann *Satz, Druck, Publikation, Verteilung* auf dem Weg des Werkes zur Masse

## 5. Das wissenschaftliche Druckwerk

Wenn sich die wissenschaftliche Literatur in der Praxis tatsächlich gegen ihre eventuellen Leser am besten wehrt und eine echte, objektive Verteilung der Leser nach Schichten in engem Verhältnis zu ihrem Intelligenzquotienten und zu ihrer früheren Kultur be-

wirkt, so muß man ihr zugute halten, daß sie in Zukunft, zugleich
mit den "Ereignissen", die einzige sich dauernd erneuernde Quelle
für kulturelle Originalität, d.h. für neues Gedankengut sein wird.
Hier gilt es zunächst, die Allgemeinheit des Begriffs "Wissenschaft"
zu betonen. Dieser Begriff entspricht in der Vorstellung des Menschen des 20. Jahrhunderts einer Disziplin von Schemata, Laboratorien, Retorten und Apparaten. So stellt er ihr z.B. die Literatur
und die Künste entgegen, die eine andersartige Apparatur benutzen.
Im Zusammenhang einer Vorausschau muß sich aber eine Definition des Wortes "Wissenschaft" auf den *gesamten* objektivierbaren
Inhalt des Ergebnisses der wissenschaftlichen Einstellung ausdehnen.
Wir werden also die Wissenschaften als *jedes fortschreitende und
meßbare Kultursystem* definieren.

a) *Fortschreitend*
Indem das Kultursystem jeden Tag von dem ausgeht, was am Vortag erreicht worden ist, ist es ein integrierendes System und beruht
auf dem Gedächtnis der Welt, wie es in den Bibliotheken, Institutionen und Zeitschriften materialisiert ist. Es ist ein kumulatives
System.

b) *Meßbar*
Um jeden neuen Tag von dem Kultursystem ausgehen zu können,
muß das Resultat eines jeden Tages in allgemeinverständliche Begriffe umsetzbar sein. Dies ist Aufgabe der wissenschaftlichen Literatur, die als eine Kristallisierung der Wissenschaft erscheint; allein
fähig, sie zu objektivieren.

So werden wir unter dem Begriff "Wissenschaft" Ägyptologie, So-
ziographie und technische Abhandlungen über Küchenrezepte ebenso verstehen wie philosophische Werke oder Abhandlungen über
Mathematik und industrielle Chemie. *Es gibt für jedes Ding eine
Wissenschaft,* womit nicht gesagt sein soll, daß jedes Ding sich auf
das wissenschaftliche Denken zurückführen läßt. Wenn es auch
möglich ist, wissenschaftlich von Kunstwerken zu sprechen, indem
man z.B. die bei *Balzac* vorkommenden Personen zählt und ihre
Frequenz bestimmt, so transzendiert doch offenbar das Kunstwerk
die Wissenschaft, wobei letztere stets nur die Hälfte einer unend-
lichen Wirklichkeit bildet. Die Wissenschaft hier und jetzt ist also
ein imposantes Gebäude von Abhandlungen und Vorlesungen; die
Gesamtheit der schriftlichen Spuren des Wissens . Sie ist das semantische Werk des Menschen, prosaischer gesprochen, in erster Linie
bedrucktes Papier.

Daher ist eine Untersuchung der Kanäle der wissenschaftlichen Druckwerke letzten Endes die Untersuchung des *Umlaufs der Wissenschaft* in der Gesellschaft. Ihre Kreisläufe enthalten zwei wichtige Kategorien: die Zeitschriften und die Bücher, zu denen sich seit einigen Jahren eine dritte gesellt, nämlich die hektographierten Berichte, die einen Umfang von bis zu einigen hundert Seiten haben und auf relativ summarische Weise hergestellt sind, um ihre Produktion zeitlich und finanziell wirtschaftlich zu machen.

Die Gesamtheit dieser Systeme richtet sich spezifisch nicht nur ans Mikromilieu, sondern genauer und ausschließlich an dessen wissenschaftlichen Teil und, noch genauer, an die Fachgenossen der Autoren.

## 6. Die wissenschaftliche Zeitschrift und ihre Leser

Die wissenschaftliche Veröffentlichung ist so hochspezialisiert, daß man manchmal den Eindruck gewinnt, sie entspreche einer Kommunikation von einem Menschen zum anderen, der der Begriff der Verbreitung völlig fehlt. Wenn man schätzt, daß das kulturelle Mikromilieu jener Schicht der sozialen Pyramide entspricht, in der die Intelligenzquotienten über 120 liegen, d.h. 10% der Bevölkerung, so entspräche dies in Deutschland etwa 5 Millionen Personen, für die die Möglichkeit besteht, daß sie eventuell einmal mit einer wissenschaftlichen oder technischen Zeitschrift in Berührung kommen, und sei es nur, daß sie darin blättern. Das Wort "wissenschaftlich" ist hier wohlgemerkt im weitesten Sinne gebraucht. Praktisch aber erreicht das wissenschaftliche intellektuelle Milieu nicht 10-15% der vorigen Ziffer, d.h. das Publikum, welches eine wissenschaftliche Veröffentlichung kaufen oder lesen könnte, zählt ungefähr 500 000-600000 Personen. Hierin tritt die Kluft zwischen dem Prozentsatz von Menschen, die in den wissenschaftlichen Bereich eintreten könnten, und demjenigen, den die Wissenschaft und verwandte Bereiche in der Kulturtabelle ausmachen, deutlich zutage.

Im übrigen verteilen sich die wissenschaftlichen Veröffentlichungen innerhalb dieses Mikromilieus nach ihrer Spezialisierung. So werden Abhandlungen über Metallurgie, außer von den Spezialisten auf diesem Gebiet, wohl kaum von jemand anderem gelesen werden, im Gegensatz etwa zu dem, was im Fall des Romans geschieht. Die verschiedenen Spezialgebiete selbst haben dem Umfang nach ein sehr unterschiedliches Publikum, das von einigen dutzend Individuen bis zu einigen zehntausend in der Welt reicht. Der Grenzfall einer Veröffentlichung etwa in der Mathematik, Astronomie oder Malakologie, die der Autor für einen so gut wie einzigen Leser anfertigt, einzig fähig sie zu lesen oder zumindest einzig imstande sie zu verstehen, führt uns zu der Grundfrage: Warum schreibt man wissenschaftliche Veröffentlichungen? In der Tat kann man sich in dem Augenblick, wo der Autor nur noch mit einem einzigen Leser kommuniziert, legitim fragen, ob in der Veröffentlichung noch irgendein Sinn liegt und ob es nicht einfacher wäre, wenn der Autor seinem Kollegen einen Brief schriebe.

Die Antwort auf diese Frage liegt in der Ethik der "wissenschaftlichen Stadt", die per definitionem einem "Dritten" die Möglichkeit geben will, de jure zu dem Zugang zu haben, was entdeckt worden ist. Von dieser Möglichkeit wird praktisch in einem von hundert oder tausend Fällen Gebrauch gemacht werden. Das ethische Prinzip hat also auch einen Anhaltspunkt in den Tatsachen. Wenn man die wissenschaftliche Botschaft unter diesem Gesichtswinkel untersucht, so kommt man zu einer völlig anderen Perspektive als der, von der ausgegangen wurde: die wissenschaftliche Veröffentlichung erscheint als *Zeugnis,* ehe sie *Kommunikation* ist.

Die allgemeine Idee von der Verbreitung in der Masse oder Mikro-Masse besteht darin, daß Veröffentlichungen, wenn sie gedruckt oder gekauft werden, auch gelesen werden; daß das Phänomen, auf das es ankommt, die Verbreitung ist; und daß, wenn manche Texte nicht gelesen werden, dies ein bedauerlicher, aber unwichtiger Zufall ist. Die Einstellung gegenüber einer wissenschaftlichen Veröffentlichung ist aber gerade umgekehrt: sie erweckt zumindest den Eindruck, daß die Texte auf jeden Fall nicht gelesen werden, aber so redigiert werden müssen, als könnte dies doch eintreten. Sie müssen dann der Gesellschaft als eine Art *Rohmaterial* zur Verfügung gestellt werden, das nicht direkt verwertbar ist, es sei denn durch bestimmte Leute, nämlich die Spezialisten. Diese aber befinden sich in jedem Falle außerhalb des eigentlichen Kommunikationskreislaufs; denn der Autor kennt sie persönlich und gebraucht im Verkehr mit ihnen nur eine moderne Ausdehnung des wissenschaftlichen Briefes, der vom 16.-18. Jahrhundert den wichtigsten hier relevanten Kulturkanal bildete: den *Sonderdruck,* den der Autor seinen Freunden in der Wissenschaft, die allein ihn verstehen können, gratis zuschickt. Diese benötigen daher nicht die eigentliche Publikation, die damit einen immer esoterischeren Charakter annimmt. Sie wird hergestellt, um in den Archiven der Institute und Bibliotheken abgelegt zu werden; um eine Art Sediment der Forschung zu dem einzigen Zweck zu bilden, daß eines Tages ein Forscher sich unterfängt, sie auszugraben, sich in sie zu versenken und mit dem ihm völlig fremden Denken eines fernen Autors Kontakt aufzunehmen.

Von diesem Standpunkt aus, der besonders Dokumentalisten, Archivaren und Patentanwälten vertraut ist, ähnelt das wissenschaftliche Druckwerk jenen Zeugen der Kultur, die verschiedene Zivilisationen jüngst aus Anlaß von Weltausstellungen in den Granit von Manhattan oder den Wüstensand eingegraben haben, nur damit sie von künftigen Zivilisationen wieder aufgefunden werden.

Wissenschaftliche Publikationen spielen also praktisch viel mehr die Rolle von *Zeugnissen* oder Belegen als von Verbreitungsmitteln. Was ihnen durch die Veröffentlichung vermittelt wird, ist die natürliche *Zugänglichkeit,* aber damit keineswegs der *Zugang* zum Verständnis der anderen. Aus dieser Analyse ergibt sich in Andeutungen eine weitere Aufgabe für das Redigieren solcher Veröffentlichungen, nämlich die des *erklärenden Kommentars,* eine Aufgabe, die mit der wachsenden Spezialisierung an Schwierigkeit zunehmen und möglicherweise Spezialisten erfordern wird.

Man muß sich hier vergegenwärtigen, daß sich die Form der Wissenschaft selbst im letzten Jahrhundert stark verändert hat. In dem Maße, wie der Baum der Wissenschaft sich verzweigte, wurde die Kommunikation von einem Zweig zum anderen schwieriger und das alte Axiom, nach dem die Wissenschaft jedem zugänglich ist, immer weniger zutreffend. An diesem Punkt stellt sich die Frage nach der Zukunft der wissenschaftlichen Publikation, bzw. eventuell nach der möglichen Form eines Ersatzes für sie, da sie statt der Aufgabe der Verbreitung die des Belegmaterials angenommen hat und ihre Herstellung zu diesem Zweck letzten Endes zu kostspielig ist. Im Gegensatz zu ihr beruht ja der wissenschaftliche Bericht, der von einem maschinengeschriebenen Text ausgeht, von dem Kopien angefertigt werden, ausdrücklich auf dem Prinzip der Nicht-Verbreitung (im offenen Sinne des Wortes Verbreitung). Der Bericht ist von einem Spezialisten für einen anderen *autorisierten* Spezialisten bestimmt und wird in einer begrenzten Anzahl von Exemplaren hergestellt, um mit dem kleinstmöglichen Aufwand an Zeit und Kosten ein Maximum an Nutzen zu erzielen. Er gewinnt

in der heutigen Welt eine immer größere Verbreitung und tendiert
dahin, den Sonderdruck zu ersetzen und schließlich die Veröffentlichung abzulösen. Eine logische Folge der Tatsache, daß nur die
berechtigten Spezialisten zu dieser Informationsquelle Zugang erhalten, ist, daß die Wissenschaft sich in ihrem evolutiven Randgebiet in ein System verwandelt, das nur dem Eingeweihten offensteht.
Somit dürfte deutlich werden, daß das gesamte Gebäude der soziokulturellen Tabelle zumindest in seinem wissenschaftlichen Teil in
näherer Zukunft seinen Charakter ändern und anstelle eines je
nach den Umständen mehr oder weniger reichen Elements der Kultur jedes Einzelnen zu einer Art "Existenztheorem" werden muß,
in dem versichert wird, daß es in irgendeinem Bereich Dinge gibt,
die Teil des Wissens geworden sind. Kultur und Wissen divergieren;
denn die Wissenschaft beschränkt sich ausschließlich auf die Herstellung von Büchern, und in naher Zukunft wird die ganze Bücherwand
in einer ausgedehnten *Universaldokumentation* aufgehen, die an einem beliebigen Punkt der Erde errichtet werden kann und mit der
die wissenschaftliche Welt durch mit automatisch arbeitenden Über-
setzungsmaschinen ausgerüstete Fernschreiber in Verbindung gesetzt
wird.

## 7. Technische Aspekte des Problems der wissenschaftlichen Dokumentation

In der Welt gibt es etwa 45000 wissenschaftliche Veröffentlichungen, die in verschiedenen Zeitabständen regelmäßig erscheinen und
im Jahr durchschnittlich etwa 300 Seiten publizieren. Damit kommt
man auf etwa 10 Millionen gedruckte Seiten. Nimmt man an, daß
eine Druckseite ungefähr 4000 Zeichen enthält und jedem dieser
Zeichen 5 bits entsprechen, dann kommt auf eine Neuigkeitsleistung
von 200 Milliarden bits Information in Zeichen. Praktisch ist diese
Masse von Zeichen in hohem Maße redundant. Es läßt sich annehebe-
men, daß die mittlere Auflage jeder dieser 45000 Publikationen um
500 liegt, wenn man die Lagerbestände und unverkauften Exempla-
re mitberücksichtigt sowie in Betracht zieht, daß keine Veröffentlichungen unter 1000 gedruckten Exemplaren finanziell gesund ist.
Wenn 50000 Zeitschriften unter 500 Leser verteilt werden, ist der
Zugang einer dieser im Prinzip an alle Welt gerichteten Publikatio-

nen etwa 1/100. Berücksichtigt man darüber hinaus noch die
Sprache, in der sie verbreitet wird, so ist der Zugang außerordentlich niedrig.

Die Verzögerung bei der Inumlaufsetzung neuer Ideen bemißt sich
im allgemeinen wie folgt: Herstellung eines maschinengeschriebenen
Textes (1 Monat), der an eine wissenschaftliche Zeitschrift geschickt
wird (14 Tage), dann von dieser akzeptiert wird (2 Monate), schließlich in dieser abgedruckt (6 Monate) und verbreitet wird (1 Monat).
Damit kommt man auf eine mittlere Verzögerung von 8-10 Monaten,
die in Ausnahmefällen kürzer sein kann, aber im allgemeinen sogar
länger ist. Das heißt, die neuen Ideen finden ihren Platz in der soziokulturellen Tabelle erst nach einer Verzögerung, die zwischen
8 Monaten und 2 Jahren liegt. Diese Ideen werden aber innerhalb
einer sehr viel kürzeren Zeitspanne in den Mikromilieus der verschiedenen kulturellen Metropolen in Umlauf gesetzt; denn dort
beträgt die Verzögerung maximal einige Monate. Hier zeigt sich
der eigentliche Wert der Konzentration der Kultur in Metropolen.
Die Anzahl der jährlich in der Welt veröffentlichten wissenschaftlichen Bücher liegt bei 50000. Man kann annehmen, daß im Prinzip jedes dieser Werke sein Teilchen Originalität enthält, mag sie
auch nur aus der Art und Weise bestehen, mit der die Ideen vorgelegt werden. Nun kann man ein Buch im Durchschnitt als eine Botschaft von einer Million Zeichen auffassen, was für 25000 Bücher
einen Fluß von etwa 300 Milliarden Einheiten von Originalität ergibt. Die Gesamtredundanz ist hier aber mindestens doppelt so
hoch wie bei den Zeitschriften, deren erklärtes Ziel es ist, Neues
zu enthalten. In einem Buch gibt es stets Einleitungen, geschichtliche Abschnitte, Stellungnahmen, Erinnerungen an Theorien früheren Datums usw. Die Ideen, die in einem Buch erscheinen, sind
nur in den seltensten Fällen nicht in irgendeinem Maße die Wiederholung von etwas, was schon einmal in einer Zeitschrift veröffentlicht gewesen ist. Dies entspricht einem sehr konstanten Mechanismus der intellektuellen Arbeit. Außerdem ist zu bedenken, daß die
Gesamtheit der Bücher der soziokulturellen Tabelle kaum mehr
Neues mitbringt als die der Zeitschriften, dafür ist aber das Publikum ganz erheblich größer. Dies beruht zunächst auf der Art der
Aufmachung: ein Buch ist lesbarer, weitläufiger und endlich assimilierbarer als eine Zeitschrift, auch in der Verbreitung. Bücher
hängen mehr als Zeitschriften vom kommerziellen Verlagswesen ab,
und in den Sprachen, die man als Kulturträger ansprechen kann,

verkauft sich eine neue Veröffentlichung im Schnitt in 500 Exemplaren pro Jahr. Das führt für 60000 Titel zu 300 Millionen Lesern der neuen Botschaften, wobei zu berücksichtigen ist, daß die Mehrzahl derer, die lesen, mindestens 4-5 Titel im Jahr lesen. Damit kommt man also auf ein Publikum in der Größenordnung zwischen 60 und 100 Millionen Individuen, oder 3-5% der Weltbevölkerung. Dennoch bleibt diese Analyse noch ungenau, denn in der Soziologie wird die Welt eher als aus drei getrennten Schichten bestehend dargestellt: die Menschen, die dem Einfluß der Massenmedien unterworfen sind und eine erhebliche Menge Gedrucktes verbrauchen, diejenigen, die mit der Kultur Kontakt haben, und endlich die Masse der Ungebildeten.

Das wissenschaftliche Buch unterscheidet sich vor allem durch drei Eigenschaften von der Zeitschrift:

1. Die augenfälligste ist die Zeitkonstante. Die Abfolge der Vorgänge bei der Veröffentlichung ist zwar die gleiche, das Buch stellt aber im Verhältnis zu den darin enthaltenen originalen Ideen eine mittlere Verzögerung von 2-3 Jahren dar, liegt also wesentlich über der Zeitschrift. Der Begriff "originale Idee" bezieht sich hier auf die kreative Synthese, die der Autor beim Verfassen seines Manuskripts vollzieht, obwohl es fast eine allgemeine Regel ist, daß er in diesem Manuskript schon vorbereitetes Material mitverwendet. Diese Grundregel des Zweistufen-Redigierens eines wissenschaftlichen Buches führt zu der legitimen Annahme, daß sich in ihm niemals etwas Originales befindet, weil alles, was es im rein wissenschaftlichen Sinn an Originalität enthalten konnte, durch andere Kanäle schon einige Monate oder Jahre zuvor in Umlauf gebracht worden ist.

2. Dennoch übermittelt das Buch seine Botschaft, denn im Gegensatz zum Artikel wird es geschrieben, um gelesen zu werden, und gelesen wird es auch tatsächlich, jedenfalls teilweise. Die Ideen sind in ihm besser formuliert, denn die Gedanken des Autors sind seit der Veröffentlichung der Teilpublikationen gereift und zu einer synthetischen und allgemeinen Schau des behandelten Themas gekommen; die Einstellung ist die der Massenverbreitung.

3. Schließlich ist die Verbreitung des Buches sehr verschieden von der der Zeitschrift. Selbst wenn sie sich oft innerhalb der Grenzen des Mikromilieus hält, existiert doch eine recht bemerkenswerte Verbreitung an den Grenzen der Spezialrichtung. Wenige Menschen würden sich, wenn sie nicht Malakologen sind, die Jahrbücher für

Malakologie halten; dagegen ist es nicht unmöglich, daß eine Abhandlung über Schnecken nicht nur die Spezialisten auf diesem Gebiet, sondern auch die des Nachbargebiets, die Salatzüchter und unter Umständen sogar ein gewisses kultiviertes Publikum interessieren kann, das im Leben der Schnecken Ursache für philosophisches Erstaunen findet. Das Buch wird durch spezialiserte Buchhandlungen verbreitet, die aber allgemeiner zugänglich sind als die Verbreitungswege der Zeitschriften. Es wird analysiert und besprochen, und zwar nicht nur in Fachzeitschriften, sondern auch in einer Vielzahl von Veröffentlichungen, deren Ziel es ist, Neuerscheinungen zu registrieren; schließlich wird ihm auch kommerzielle Werbung zuteil. Dieser dritte Faktor kompensiert weitgehend den Mangel an Originalität, den ein Buch besitzen kann. In der Praxis liegt der Wert eines Buches hauptsächlich in dem Gesamtüberblick, den es gibt, und dies kompensiert auch die erhebliche Verzögerung, die es im Verhältnis zu den originalen Ideen aufweist.

## 8. Der Kreislauf des wissenschaftlichen Buches

Im Kreislauf der Verbreitung des wissenschaftlichen Textes existieren zahlreiche Rückwirkungskanäle, durch die — außerhalb der ungenau definierten Kanäle der Einflüsse von Beratern des Verlegers, die fast nur formale und stilistische Probleme berühren und den semantischen Inhalt kaum verändern — eine Beeinflussung des Autors möglich ist. Unter den wichtigsten sind es die folgenden: Der erste ist der der kritischen Analyse, die von Spezialisten mit einer minimalen Verzögerung von einigen Monaten ausgeführt wird; die maximale Verzögerung beträgt mehrere Jahre, die mittlere ein Jahr. Solche Analysen enthalten oft mehr als ein bloßes Werturteil und können das Denken des Autors in seiner weiteren Arbeit wesentlich beeinflussen. Der zweite ist der Fortschritt der Wissenschaft selbst. Er ergibt sich aus der Masse der potentiellen Benutzer eines Werkes, die sich aus der Masse der Leser bildet, aber ihr nicht gleich ist, denn es existiert im wissenschaftlichen Milieu auch eine Verbreitung originaler Ideen auf dem Weg über das Wort. Diese Ideen dienen dazu, neue Theorien aufzubauen, und damit neue Kenntnisse, neue Techniken und Apparate. Dieser Vorgang ist der letzten Endes wichtigste, und in ihm liegt die eigentliche Funktion des wissenschaftlichen Buches. Seine Zeitkonstante ist der des vo-

rigen Kanals eng benachbart, was andeutet, daß sich das Publikum
der Kritiker und Benutzer im wesentlichen deckt. Der dritte Kanal
ist der kommerzielle, der im Verkauf des Werkes besteht. Das Buch
wird vom Verleger an die Buchhändler geleitet und von der Masse
der Leser verbraucht. Das resultierende Geld ist in gewissem Sinne
ein recht objektives Maß für den kulturellen Wert des Werkes, wenigstens was seinen Einfluß auf die Öffentlichkeit angeht. Der Verleger beeinflußt seinerseits den Autor, nicht nur durch den sehr
materiellen Kanal der Verfasserrechte, sondern auch durch eine gewisse Billigung, die im Gegensatz zu dem, was die wissenschaftliche
Ethik vorgibt, einen nicht unerheblichen Einfluß auf des Autors
Verhalten hat. Schließlich ist an die Existenz eines "langen Kreislaufs" zu erinnern, in dem neue Ideen und deren technische Ergebnisse, wenn sie eine bestimmte Größenschwelle überschreiten, eine
Chance (im Sinne eines vom Zufall bestimmten Mechanismus) haben, bis zu den Massenmedien der Kommunikation durchzudringen
und so auf die breite Öffentlichkeit einzuwirken. Damit ergibt sich
die Möglichkeit einer Rückwirkung über diesen Umweg auf den
Autor und seine Kollegen. Dieser Vorgang zeigt sich in Fällen, in
denen die große Presse Begriffe entdeckt, die im Mikromilieu seit
Jahren bekannt waren, wobei die Streuung der Reaktionszeiten im
System recht weit ist und von einigen Tagen bis zu einigen Jahren
gehen kann.

Im Rahmen der Fabrikationskette eines Werkes sind die Zwischen-
etappen sehr wichtig, z.B. die Lektoren und Berater des Verlages,
die den Autor oft recht direkt beeinflussen. Gleichfalls von Wichtigkeit sind die Vorgänge der eigentlichen Herstellung, welche die
Veröffentlichung eines wissenschaftlichen Werkes zu einer recht
langwierigen Arbeit machen, und sei es nur wegen der Vielfalt von
Zwichenetappen wie Abbildungen, Zeichnungen, Bibliographie usw.
Der wissenschaftliche Verleger hängt völlig von dem Netz seiner
spezialisierten Leser, Übersetzer und Autoren ab. Diese gehören
alle zusammen zu einem Mikromilieu, das in Ländern wie Deutschland und den Vereinigten Staaten räumlich zersplittert, in Frank-
reich sehr konzentriert ist. Dieses Mikromilieu gehört zum großen
Teil das Leserpublikum an, woraus sich eine sehr enge kulturelle
Koppelung ergibt, die in der wissenschaftlichen intellektuellen
Schöpfung eine große Rolle spielt.

Wenn die wissenschaftliche Welt heute aufgehört hat, eng und ari-
stokratisch zu sein und statt dessen weiträumig und einem Berufs-

stand gleich geworden ist, so hat sie doch nicht aufgehört, im Verhältnis zur allgemeinen Kultur *geschlossen* zu sein. Die Art der Grenzen ist aber weitgehend anders geworden. Früher handelte es sich um Grenzen zwischen Disziplinen: der Literat z.B. wußte nichts von den Naturwissenschaften und konnte nicht in sie eindringen, weil er die nötigen Grundkenntnisse nicht hatte. Heute handelt es sich mehr um eine Art Ansteigen von Aufmerksamkeit und Anstrengung. Der Industriechef, Ingenieur oder Techniker hat wohl die Grundkenntnisse, um ein wissenschaftliches Werk zu beurteilen oder zu benutzen, aber es fehlt ihm heute mehr und mehr die Zeit dazu. Er selbst muß sich an Netze von persönlichen Kommunikationen durch Gespräche halten und kennt technische Neuheiten öfter durch eine Unterhaltung oder einen Vortrag als durch die Lektüre des Buches selbst. So entsteht ein neues Netz mündlicher Kommunikation, ebenso wie es nicht selten vorkommt, daß ein Spezialist die letzten Arbeiten auf dem Gebiet eines benachbarten Spezialgebiets durch die Massenkommunikationsmittel erfährt, derer er sich außerhalb seiner beruflichen Arbeit bedient. So zeigt sich bei der Analyse der Zyklen des Buches und der wissenschaftlichen Veröffentlichung, die als die Grundlagen der modernen Kultur angesehen werden können, eine Reihe von Paradoxen, unter denen der beschriebene Aspekt der wissenschaftlichen Publikationen in der Zeitschrift als *Belegmaterial* und nicht als Kommunikation und vor allem der stets wachsende Einfluß unwissenschaftlicher, scheinbar oft wissenschaftsfeindlicher Kommunikationssysteme auf die Kommunikation wissenschaftlichen Materials die hervorstechendsten sind. Unter "unwissenschaftlichen Kommunikationssystemen" verstehen wir hier diejenigen, in denen die Botschaften mündlich oder auf dem Umweg über die Massenmedien vermittelt werden. Besonders letztere schaffen eine Umwelt, die von "wissenschaftlichen" Elementen erfüllt ist und in der der schnellste Weg vom Schöpfer zum Verbraucher letzten Endes der über den "Unsinn" und "Widersinn" sein kann, die jenen Kreisläufen anhaften, deren Weg durch die intellektuelle Gesellschaft lang ist, aber nur kurze Zeit braucht. Die Kommunikationswege des Mikromilieus (Zeitungen, Fernsehen, Radio usw.) werden dabei in dem notwendigen Kompromiß zwischen Schnelligkeit und Exaktheit eher nach dem Gesichtspunkt der Schnelligkeit gewählt, und zwar weil sich die exakten Details oft genug aus entstellten Angaben rekonstruieren lassen. Es geschieht öfter und öfter, daß ein

Spezialist von den Arbeiten eines anderen Spezialisten durch eine
Fernsehsendung oder einen Zeitungsartikel unterrichtet wird, in
dem es vor sinnentstellenden Fehlern wimmelt und der für den
Laien so gut wie unverständlich ist, der ihm aber genug Material
liefert, um das Original annähernd zu rekonstruieren und selbst
davon Gebrauch zu machen, ohne sechs Monate auf den Sonderdruck
seines Kollegen zu warten. Schließlich unterstreicht diese Analyse
die Wichtigkeit der kulturellen Umgebung für die schöpferische
Tätigkeit, und verhilft jener Theorie zu einem wichtigen Argument,
bei der angenommen wird, daß es in unseren Wahrnehmungen ein ga-
zes Repertoire latenter Formen gibt, die die einzelne Kultur, in
der sie auftauchen, transzendieren und die Kreatitivität auf jedem
beliebigen Gebiet beeinflussen können. Wir wollen daran erinnern,
daß man die Kreativität als die besondere Begabung mancher Gei-
ster definiert, die Elemente ihres Bewußtseinsfeldes in einer originalen Weise neu so zu ordnen, daß sie zu Handlungen in einem beliebigen Erscheinungsfeld Anlaß geben können.


## 9. Die Populärwissenschaft oder Erwachsenenbildung

Die paradoxen Tatbestände, die, wie aufgezeigt, der Kreislauf der
wissenschaftlichen Kultur in unserer Zeit verursacht hat, hat zur
Entstehung eines völlig neuen Kommunikationssystems geführt,
das formal vor etwa dreißig Jahren entstanden ist: die Populärwissenschaft, die mehr und mehr einem weiten System der Erwachsenenbildung ähnlich wird, das die traditionelle Erziehung mit
verändert, sich aber bis zu dem immer höheren Alter fortsetzt,
in dem der Mensch es aufgibt, die Welt, in der er lebt, zu kennen
und zu verstehen.Dieses System ist merkwürdigerweise aus Bemühungen um die unterhaltende Literatur in den Jahren 1910-1930
entstanden, wenn es auch noch weit ältere Vorfahren dafür gibt.
Der Gedanke dabei war, daß von den Entdeckungen der Wissenschaft einige in vereinfachter Form einer "kultivierbaren" Minderheit vorgelegt werden könnten, die daran etwa auf die gleiche Weise Gefallen fände wie andere an Kreuzworträtseln oder vom Blatt
gespielter Musik. Wenige Zeit später, aber vor allem nachdem 1945
der schlagende Beweis geliefert worden war, daß die abstraktesten
Entdeckungen der wissenschaftlichen Forschung konkrete, brutale
und sofortige Folgen zeitigen können, wechselte die Populärwissen-

schaft ihren Charakter und wurde zu einem echten System fakultativer Fortbildung, das allen offen stand und durch den Handel kommerziell versorgt wurde. Das Motiv der meisten populärwissenschaftlichen Zeitschriften und Zusammenfassungen war der Gewinn eines breiten Leserpublikums und daraus ein finanzieller Vorteil. Die Statistik zeigt aber, daß es nur sehr wenig Laboratorien und Wissenschaftler gibt, die solche Zeitschriften nicht beziehen; praktisch werden sie sowohl von den Wissenschaftlern zur Informierung und Zerstreuung wie auch von einem immer größer werdenden Teil der breiten Massen gelesen. Die Auflage mancher solcher Zeitschriften geht in die Hunderttausende. Technisch stellen sie vom Verlagswesen aus betrachtet, d.h. als Zweig der Mechanik der Kultur sehr komplizierte Systeme dar; denn sie vereinigen die Organe einer wissenschaftlichen Zeitschrift mit denen einer künstlerischen und denen eines Massenverbreitungsmittels wie z.B. einer großen Zeitung.

Durch sie wird der Grundbegriff des Interesses oder der Leidenschaft in die Kulturtabelle eingeführt. Sie wirken als Verbreitungsmittel der Kultur und erfordern umfangreiches Material und Personal. Das Organogramm (Abb. 9) gibt einen Eindruck vom Zyklus ihrer Herstellung und Verbreitung. Hier wird man einen neuen Typ von Erzieher bemerken, nämlich einen Menschen, der eine ausgedehnte wissenschaftliche Kultur besitzt und originale Verfahren erfindet, um dem Leser mit einem Minimum intellektueller Anstrengung seinerseits wissenschaftliche Tatbestände aktueller oder nicht aktueller Natur zu schildern. Das System der Populärwissenschaft oder Erwachsenenbildung wird dadurch charakterisiert, daß es einen erheblichen Bestandteil der Massenmedien ausmacht. Seine Größenordnung liegt bei einer Million Exemplaren, sein Kanal ist vor allem die "wissenschaftliche" Zeitschrift und das Buch, obwohl es beginnt, im Funk und Kino (Kurzfilme) in Erscheinung zu treten. Sein Ziel ist es, Männer und selbst Frauen durch das Interesse einer Teilnahme am intellektuellen Abenteuer unserer Zeit anzuziehen. Die Populärwissenschaft ist ein Kind der Mosaikkultur. Sie bildet eines der Elemente, in denen sich eine Reaktion gegen die Oberflächlichkeit zeigt, die mit einem auf der Mosaikkultur aufbauenden Denken verbunden ist. Dabei ist jedoch zu betonen, daß diese Reaktion nur in dem Maße gültig ist, in dem das Individuum die Existenz dieser Mosaikkultur de facto anerkennt und daraus die Konsequenzen zieht. In anderen Worten, der Mensch von heute muß zunächst zugeben, daß er nicht alles wissen kann, sodann, daß es zur wissenschaftlichen Welt keinen abgekürzten Weg gibt, keinen Schlüssel und kein Geheimnis, das ermöglichte, jedes Ding durch Integrierung in ein paar magische Formeln verständlich zu machen. Infolgedessen muß er ausdrücklich die Notwendigkeit anerkennen, sich auf allen Gebieten an die Spezialisten zu wenden, selbst wenn er auf dem Wege über die populärwissenschaftliche Unterrichtung verstanden hat, worum es in der Arbeit des Spezia-

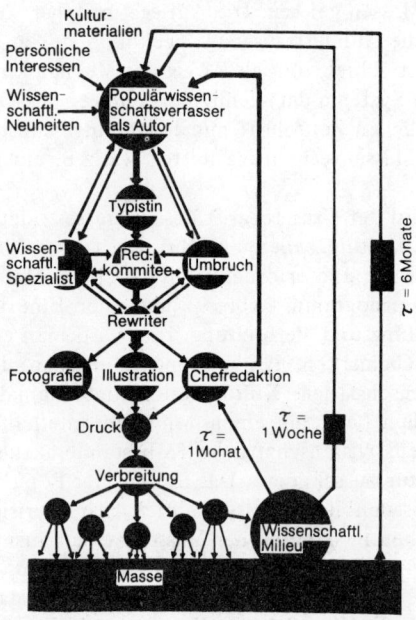

*Abb. 9*     Organogramm einer populärwissenschaftlichen Zeitschrift. Das Organogramm entspricht dem *strukturiertesten* Fall, wie man ihn bei populärwissenschaftlichen "kulturellen Unternehmen" findet. Der "Populärwissenschaftler" muß als Schöpfer angesehen werden, denn er erfindet zwar nicht die Tatsache oder Idee, wohl aber das kunstvolle Bild, die schlagende Formel, das gut gewählte Beispiel, die einfache Erklärungsweise, die von der jeweiligen Entdeckung völlig unabhängig sind, ihr aber hinzukommen. Er muß daher, ausgehend von einem persönlichen Interesse an der Quelle der wissenschaftlichen Entdeckung "schöpfen" gehen und zwischen der wissenschaftlichen Neuheit und dem allgemeinen Gewebe der Kultur seiner Zeit eine Verbindung herstellen

listen geht. Im Felde einer Mosaikkultur ist der isolierte Einzelne
auch dann verloren, wenn er einige höchste Gipfel dieser Kultur
perspektivisch zu erfassen lernt; denn er muß zugeben, daß er un-
fähig ist, sie durch ein harmonisches Netz von Kommunikations-
wegen zu verbinden, wie die alte humanistische Kultur vorgab, es
tun zu können. Hat er aber diesen Punkt einmal begriffen, so ist
es ihm nicht versagt, ein kleines Einzelgebiet in vertieftem Detail
kennenzulernen, und dies wird ihm durch die Erwachsenenbildung
möglich gemacht.


Die Funktion der Populärwissenschaft beruht auf dem eben angedeuteten Vorgang der *Erkundung,* der in der Wahl seines Gegenstandes weitgehend vom Zufall abhängig ist, aber innerhalb dessen
eine "Nahordnung" herzustellen sucht.
Die populärwissenschaftliche Verbreitung hat zwei voneinander ge-
trennte Kanäle, von denen der eine dem der wissenschaftlichen
Veröffentlichung, der andere dem der großen Press ähnlich ist; Abstimmung geschieht auf der Ebene des Verlages. In ihr vereinigen
sich literarische und wissenschaftliche Begabung, was die Anzahl
der Schöpfer in diesem Bereich stark begrenzt. Die schöpferische
Tätigkeit besteht hier weder in der wissenschaftlichen Entdeckung
noch in der reinen literarischen Verführung, sondern in der Herstellung *semantischer Botschaften* über Entdeckungen, die in einer
breiten Öffentlichkeit jedem Individuum mit einem Minimum an
Kultur und Ausdauer zugänglich sind. Es handelt sich um eine
*Entdeckung à propos der Entdeckung,* die oft genau so schwierig
ist wie die Entdeckung selbst. Der beste Beweis hierfür liegt in der
Tatsache, daß die so gefundenen Kunstgriffe manchmal von Autor
zu Autor, von Generation zu Generation weitergegeben werden,
um schließlich in Vorlesungen und Handbüchern einen Platz zu finden. Vom Standpunkt einer Kulturdynamik aus ist interessant, daß
das allgemeine Organogramm der populären Verbreitung mehrere
längere und kürzere Kreisläufe enthält. Zum Beispiel beziehen die Massenmedien einige ihrer Features und Anziehungsfaktoren ebenso wie
Information im eigentlichen Sinne von der Populärwissenschaft.
Und auch Wissenschaftler selbst machen von den wichtigsten "populären" Systemen Gebrauch, um sich oberflächlich zu informieren,
wobei sie die fehlenden Elemente aus ihrem Fachwissen ergänzen.

## 10. Die Sprache als kulturelle Botschaft

Die Sprache an und für sich ist ein Produkt der Kultur. Nicht nur
bildet sie den Kanal für eine große Anzahl kultureller Botschaften,
sondern ihre Struktur und ihr Wortschatz sind eine bestimmte Art
von Botschaft der Gesellschaft an den Einzelnen und umgekehrt.
Bezeichnen, benennen, abstrahieren, Begriffe durch die Worte, von
denen sie getragen werden, miteinander verbinden können — dies
alles bildet eine eigene Art kulturellen Kanals in dem Sinne, wie
wir ihn einleitend verstanden haben. Die "Sprache", auf die wir
hier anspielen, ist das, was gesprochener und geschriebener Sprache
gemeinsam ist: ein Repertoire von Worten, dann eine Syntax, d.h.
eine Art der Zusammenstellung, und schließlich eine Rhetorik, d.h.
ein Fortschreiten des Denkens. Duden, Grammatik und Rhetorik
bilden zusammen die Elemente des sprachlichen Kanals.
Die Sprache ist immer auf eine bestimmte, definierte soziale Gemeinschaft bezogen, aber die Erfahrung zeigt, daß ihre vom Standpunkt der Kulturökonomie aus wichtigsten Erscheinungen — die
Bildung von neuen Termini, Schlüsselworte, Formulierungssysteme,
Arten der Argumentation — in den meisten am weitesten entwickel-
ten Sprachen einander sehr ähnlich sind. Eine neue Formel, ein
neues Schlüsselwort, ein neuer Gedankengang bleiben nie der einzelnen Sprache vorbehalten, in der sie entstanden sind, sondern
finden sehr schnell durch Übersetzung, Adaptierung oder durch die
Dichtung Entsprechungen in anderen Sprachen, die mitunter, wie
im Fall des wissenschaftlichen Jargons, wörtlich sein können. Letzterer stellt in der Tat den Siegeszug lateinisch-griechischer Neubildun-
gen durch alle abendländischen Sprachen dar. Man sieht, daß wir
hier deutlich die *Sprache,* in dem, was ihr mit den Menschen am
gemeinsamsten ist (als Werkzeug in der Unterhaltung, Material des
Denkens, in Literatur und Wissenschaft usw.) von der Gesamtheit
der intellektuellen *Inhalte* unterscheiden, die sie befördert. Freilich
existiert zwischen dem einen und dem anderen eine Wechselwirkung,
und wir haben in einem früher erschienenen Werk (La création
scientifique) zu zeigen versucht, welche Quellen der Inspiration
die Wissenschaft aus rein sprachlichen Erwägungen ziehen kann.
Aber Wortschatz, Grammatik und Rhetorik befinden sich auf einer
anderen Ebene: Sie sind die Einrichtung des Gehirns im Elemen-
tarstadium, und in dieser Eigenschaft verdienen sie hier besondere
Erwähnung.

Die Sprache ist im wesentlichen ein kollektives Produkt. Worte
sind selten personifiziert, und sei es nur, weil sie zu klein sind, um
den Namen des Autors zu enthalten. Allerdings gibt es zu dieser
Regel besonders im wissenschaftlichen Bereich eine Reihe von Aus-
nahmen. Was die grammatischen Formen anbelangt, so stellen sie
wahrscheinlich den Aspekt des sozialen Lebens dar, wo die Begriffe
der Zensur, des menschlichen Respekts und der Konventionen am
kategorischsten sind. Sie bilden, wenigsten in den abendländischen
Sprachen, erstarrte Formen, wenn man auch aus den vereinigten
Bemühungen der Linguisten, der Übersetz- und Komponiermaschi-
nen und der Dichter eine nahe Enteisung der grammatischen Strukturen voraussagen kann.

*a) Der Wortschatz*
Der Wortschatz ist in kollektiven Werken enthalten, die man Lexika
nennt. Im Larousse, Duden, Meyers Lexikon, Oxford Dictionary,
Webster zählt er zwischen 40000 und 150000 verschiedene Elemente. Wir wissen, daß diese Elemente innerhalb einer und dersel-
ben Sprache sehr verschiedenen Umlauf haben, wie in Abb. 10 angedeutet ist. Zu einem gegebenen Zeitpunkt und in einer gegebenen Sprache ist das Lexikon ein geschlossenes System: ein Wort
ist im Lexikon oder ist es nicht. Ist es nicht darin, so existieren
zwei mögliche Fälle:

1. Das Wort ist von einem Individuum hergestellt, das aus irgendeinem Grunde als zu Wortschöpfungen qualifiziert angesehen wird.
Die Wortschöpfung muß dann angenommen werden, um in einem
jener kulturellen Milieus in Umlauf zu kommen, die zu beschreiben
hier unsere Aufgabe ist. Das Wort muß zu diesem Zweck eine Reihe
ergänzender Bedingungen erfüllen: die "Gesetze" der Wortbildung,
wobei der Ausdruck "Gesetze" allerdings ihre fundamentale Ge-
brechlichkeit verhüllt, aber die die Philologen zu kennen vorgeben.
2. Wenn das Wort den Regeln der Ableitung nicht genügt, wenn es
von einem Unbekannten oder einer bestimmten sozialen Schicht,
z.B. den Lastträgern, gebildet ist, so genießt es kein Stadtrecht
und ist im Prinzip dazu verdammt, unterzugehen.

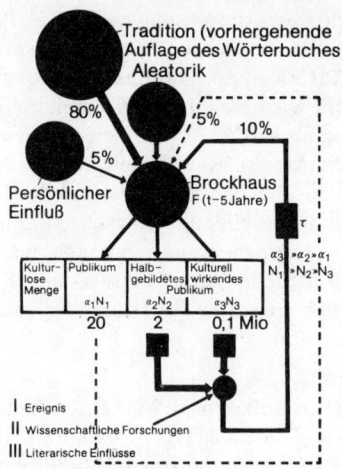

*Abb. 10* Schema des soziokulturellen Sprach-Zyklus mit Bezug auf den Wortschatz. Die Sprache ist eine ungeheure Masse kulturellen Materials, das augenfälligste und unmittelbarste unserer Gesellschaft. Sie kristallisiert sich in Deutschland im "Duden" und ähnlichen Einrichtungen. Dieser wird durch eine ständige Kommission in Abständen neu herausgegeben, die sich dabei auf die *Tradition* (die vorige Ausgabe), eine bestimmte Menge Zufälligkeit, die persönlichen Reaktionen ihrer einzelnen Mitglieder und eine starke Kopplung mit dem sprachlichen Rahmen, der Masse der Sprachverbraucher, das heißt der Gesellschaft stützt, die sich in vier Kategorien einteilen läßt, welche je nach ihrer Stellung in der sozialen Pyramide sehr unterschiedlichen Einfluß haben:

1. die Wortschöpfer (wissenschaftliche Autoren, Techniker),
2. das gebildete Publikum, das vorgibt, neugeschaffene Worte beurteilen zu können,
3. die hauptberuflichen Benutzer der Sprache,
4. die passive Masse.

Das vorliegende Schema ist zwar zu starr, entspricht aber einem Zustand des Vokabulars, der den meisten abendländischen Sprachen infolge der Buchdruckerkunst vertraut ist, denn diese normalisiert sehr schnell Buchstaben und Worte und wird so zu einem großen Stabilitätsfaktor in der Sprachentwicklung. Es gibt innerhalb jeder Sprache eine Anzahl von Organismen, die es sich zum Ziel machen, den Wortschatz zu einem gegebenen Zeitpunkt aufzuzeichnen und damit zu kristallisieren. Sie gehen entweder kontinuierlich vor, wie z.B. die Sprachglossen in manchen Zeitungen und Zeitschriften, oder wiederholen die Zählung in bestimmten Zeitabständen. All diesen "legislativen Körperschaften" der Sprache ist ein erhebliches Beharrungsvermögen gemeinsam: die Zeitabstände, von denen wir sprachen, und damit der Abstand der neuesten Ausgabe des Lexikons zum aktuellen Sprachgebrauch, beziffern sich leicht mit 5-10 Jahren, und außerdem wird der Wortschatz sehr ungleichmäßig behandelt. Praktisch enthält das Vokabular drei einander überlagerte Schichten, die etwa der Struktur der sprachlichen Kerne entsprechen, wie wir sie bereits geschildert haben. Die erste dieser Schichten bildet eine Masse von "Grundworten", die sich im Rhythmus der Jahrhunderte kaum verändern und deren Zahl bei 4000-5000 liegt. Die zweite wird von einem technischen Vokabular gebildet, das sich seit Jahrhunderten kontinuierlich in einem relativ schnellen Rhythmus erweitert und demgegenüber kaum Worte zu verlieren scheint, d.h. es wächst regelmäßig und scheint damit die Evolution der technologischen Welt zu spiegeln. Die Ausdehnung dieses Vokabulars geht leicht in die Zehntausende von Worten, dafür gehört es aber auch nie in seiner Gesamtheit einer einzelnen Person, sondern ist in spezialisierte Untervokabulare unterteilt, was seinen Wert als kulturelle Botschaft im definierten Sinne stark vermindert.

Praktisch wirkt nämlich die kulturell schöpferische Tätigkeit in der Sprache nur auf ein relativ enges Randgebiet von Worten, die weder spezialisiert noch veraltet noch banal sind und, wenn sie diese Bedingungen erfüllen, zum eigentlichen Bereich des Schriftstellers und Dichters werden, auch des Journalisten oder Redners, von denen man sagen kann, daß sie dazu beitragen, die Sprache zu *formen*. Die von ihnen geschaffenen Worte machen sich auf den Weg und antichambrieren vor den Salons der Philologen, wo sie warten, um zugelassen zu werden und die gewichtige Sanktionierung des Lexikons zu erhalten. Der Verbreitungsmechanismus des Wortes beruht gleichfalls auf einem sehr kleinen Bruchteil des sozialen Feldes. 90% des Publikums wagt sich nie in das Abenteuer der Sprachschöpfung und nur die übrigen 10% sind echte "Verbraucher" von neuen Worten: sie nehmen sie an, verstehen sie mit mehr oder weniger Mühe, bilden sie um und gebrauchen sie selbst, wodurch die Worte in Umlauf gelangen. Man findet auch hier wieder das Mikromilieu eines kulturell tätigen Publikums, das man in Ländern wie Frankreich und Deutschland nicht zu Unrecht auf nur 100 000 Menschen ungefähr beziffern kann, die wirklich nicht

nur dazu beitragen, neue Worte im Umlauf zu halten, sondern
auch selbst neue Worte schaffen oder alten Worten neue Bedeutungen verleihen, wie es durch die Ableitung, den Neologismus oder
den falschen Gebrauch geschehen kann. Dies ist etwa der Fall der
Schlüsselworte in der Sprache der Journalisten. Die Elemente des
Sprachkreislaufs zeigen, daß dieses System in der Tat mit der sozialen Masse fast nicht gekoppelt ist. Es spielt sich fast ausschließlich in dem oben beschriebenen Milieu ab: die Sprache ist eine
Privatangelegenheit der intellektuellen Welt. Der Rest der Gesellschaft macht von ihr Gebrauch, hält sich dabei aber an die Erlasse
der Literaten, Wissenschaftler und Journalisten.

*b) Die Grammatik*
Die Situation ist noch charakteristischer im grammatischen Bereich,
wo es sich nicht mehr um die Bildung von Worten, sondern den
Gebrauch von Regeln über ihre Zusammenstellung handelt. Die
Zahl dieser Regeln ist begrenzt, sie sind vollkommen formuliert
und bilden das unbestreitbare Leben einiger hundert Spezialisten
in jeder Sprache. Einzig einige Dutzend Dichter und Schriftsteller
wagen es, die Gesetze der Grammatik zu durchbrechen und in diesem Gebiet Neuerungen einzuführen; ihre schöpferische Tätigkeit
ist aber wenig umfangreich. Es handelt sich bei der Grammatik
scheinbar um eine sehr starke soziale Norm, die mit der Funktion
der Sprache selbst verbunden ist. Wir würden den Aufgabenbereich
dieses Buches überschreiten, wenn wir auf ihre Modalitäten genauer
einzugehen versuchten, zumal unser Ziel nur darin besteht, ihre
Existenz innerhalb des Kulturzyklus zu zeigen.

*c) Die Rhetorik*
Schließlich gehört vom sprachlichen Gesichtspunkt aus neben dem
Vokabular die Rhetorik in diesen Zusammenhang, die wir als die
Logik in der Konstruktion von Botschaften sehen, die der interin-
dividuellen Kommunikation dienen. Auch sie gehört zu den Erfindungen des menschlichen Geistes. Freilich hat sie sich seit dem
aristotelischen Syllogismus und der Theorie des Enthymems nur
wenig verändert, und die Neuschöpfungen in diesem Bereich sind
äußerst selten. Es ist vielleicht der Film, der in der Sprache des
Drehbuchs am deutlichsten auf diesen sehr speziellen Bereich der
schöpferischen Tätigkeit aufmerksam gemacht hat. Hier sind selbst
die Formen der kulturellen Produkte schlecht definiert. Sie entsprechen nämlich fast instinktiven Gebrauchsweisen, während rhetorische Techniken, die auf Beispielen, statistischer Anhäufung,

Wiederholungen, Anspielungen und dem Paradox beruhen, Einzelfälle sind.

Die Argumentation, die darauf beruht, daß der Empfänger nicht
denken will, ist in der Übertragung kultureller Botschaften von
niedriger Qualität, jedoch eine der am häufigsten verwandten Methoden, die angewandt wird, um z.B. Bürger zur Beteiligung an
einer Lotterie anzuhalten. Diese Botschaften sind quantitativ von
Bedeutung, und wenn sich die Methoden, die ihre Grundlage bilden, auch selten ändern, so sieht man doch die Kombinationen,
die durch die kreative Arbeit der Werbetechniker daraus entstehen,
sich ständig erneuern.

Man muß die Sprache als Material, so wie wir sie in diesem Teil
untersuchen, genau in die Gesamtheit der kulturellen Botschaften
einordnen. Wir betrachten hier die Summe aus a) dem verfügbaren
Vokabular, b) den Regeln zu seiner Zusammenstellung und c) den
Regeln für den Aufbau eines vernünftigen Denkens im weiten Sinne, d.h. aus den integrierenden Teilen der Einrichtung des Gehirns,
und sehen ab von den *Werken* im eigentlichen Sinne, die man mit
Hilfe der Sprache herstellen kann und die ihrerseits intellektuelle
oder künstlerische Formen bilden. Wir respektieren damit die Regel, die wir in der methodologischen Einführung zu diesem Buch
ausgeführt haben, nämlich daß wir uns für die Tatsachen in der
Reihenfolge interessieren wollen, wie sie für die Einrichtung des
Gehirns wichtig sind. Der sprachliche Aspekt, den wir soeben angedeutet haben, ist von großer Wichtigkeit und z.B. viel wichtiger
als andere kulturelle Botschaften wie Dichtung oder Stickerei, außerdem entsprechen ihm völlig spezifische Mechanismen.

## 11. Darstellende Kunst

Die Kunst der Darstellung in zwei oder drei Dimensionen (Malerei
und Skulptur) ist eins der wichtigsten Elemente dessen, was man
im gewöhnlichen Sprachgebrauch "die Kultur" nennt, ist aber dem
Phänomen der Verbreitung noch nicht in so engem Sinne unterworfen wie die Literatur, die Musik oder der Film es sein können.
Man *spricht* über berühmte Maler, große Bildhauer und ihr Schaffen, man erreicht eine Annäherung an sie durch die Fotografie und
die Kunstzeitschrift, aber sie sind nicht *direkt* für das Publikum
greifbar. In dieser Hinsicht bleibt der Mechanismus, der sich unter

dem Namen des "Imaginären Museeums" herausgebildet hat, dem
der Verbreitung originaler Werke noch *parallel,* ohne in ihn integriert zu sein. Seine soziale Wirkung ist weit davon entfernt, so
unmittelbar und brutal zu sein wie etwa der Mechanismus des Ver-
lags in seiner Wirkung auf den Roman oder der des Verteilungs-
kreislaufs in seinem Einfluß auf den Film. Malerei und Skulptur
sind noch keine kollektiven Künste, denn der Begriff des Originals
im Vergleich zur Kopie behält hier einen Sinn, und zwar genau in
dem Maße wie die Vervielfältigung des Kunstwerks durch die Reproduktion noch nicht den Ansprüchen an die Perfektion genügt.
Malerei und Skulptur sind vor allem *Dinge,* von denen man spricht,
und hierin, noch mehr als in den Werken selbst, beruht ihre Durch-
dringung des kulturellen Lebens. Sie existieren in der Gesellschaft
in der Eigenschaft heiliger Wunderdinge oder durch einen oliga-
rischen Verbreitungsprozeß in einer *Untergruppe* der Bevölkerung
– dem "Milieu" der Kunstfreunde. Die visuelle Kunst der Formen
und Farben wird in ihrer Gesamtheit durch Kreisläufe von Schöpfung, Kauf und Verkauf in einem eng begrenzten Publikum bestimmt, das seinerseits später auf anderen Wegen in die Masse wei-
terstrahlt. Die Galerien spielen hier eine besonders wichtige Rolle.
Eine Galerie ist ein wirtschaftliches Unternehmen neuen Typs. Die
Grundlage ihres Gewinns beruht auf einer ähnlichen Überlegung
wie sie eine Gesellschaft, die Wetten auf Rennpferde abschließt,
ursprünglich gehabt haben muß. Dieser Vergleich impliziert neben
einem sehr hohen Gewinn, wenn das "Pferd" gewinnt, einen erheblichen Unsicherheitsfaktor, der in jedem Falle weit über dem
liegt, den man in der Herstellung industrieller Produkte antrifft.
Es lassen sich für die Galerie die folgenden Eigenschaften feststellen:

1. Sie vereint die Funktionen der Herstellung und des Verkaufs.
Sie bildet das Atelier für die Zusammensetzung von Stücken (der
Sammlung), die von vertraglich verpflichteten Lieferanten (den
Künstlern) geliefert werden.
2. Sie realisiert nicht-materielle Investitionen, die sich nicht mit
denen vergleichen lassen, die eine Seifenfabrik in Werbung anlegt.
3. Sie beeinflußt zugleich mit dem Verkauf einen engen Markt.
4. Sie muß die Gegenstände, die sie herstellt, umsetzen und auf
dem Markt placieren. Außerdem muß sie den Verschleiß im Stil
eines Künstlers berücksichtigen, wenn seine kulturellen Produkte
anfangen, an Neuheit nachzulassen.

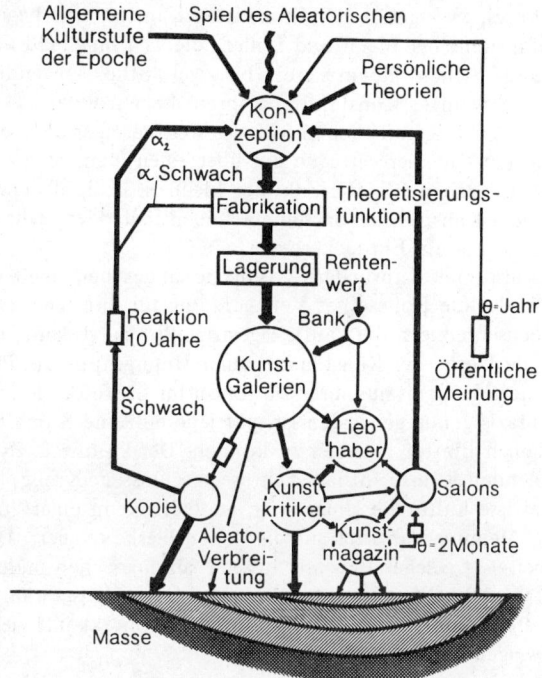

*Abb. 11* Der Kreislauf der Kunstgalerien. Die Galerie ist der Drehpunkt dieses Organogramms. Sie empfängt die Werke des Künstlers, die auf der Grundlage seiner Ideen a priori (z.B. Zugehörigkeit zu oder Reaktion auf eine Bewegung wie den Neorealismus usw.), seiner Verbindung mit dem Umweltsmilieu (z.B. gesehene Formen) und natürlich seines Genies geschaffen sind. Der Künstler ist mit einer Galerie verbunden, sei es durch Abhängigkeit, sei es, wenn er beginnt Erfolg zu haben, durch einen Vertrag. Die Galerie wirkt auf ein sehr eng umrissenes Mikromilieu ein: publizistisch tätige Intellektuelle, Liebhaber, Kritiker, Kollegen. Das Makromilieu kennt die Produktion der Galerie nur auf "mythischem" Wege über die Kritiker, die in Zeitungen und anderswo schreiben. Auf das weitere Werk des Künstlers wirken zwei Vierpole: die Mäzene, die die Galerien subventionieren, sowie Kritiker und Künstler, indem sie die Bilder kaufen, und die "Salons, wo man redet", die von den Kritikern beeinflußt sind und oft sehr direkt auf den Künstler wirken. Der Kontakt des künstlerischen Oeuvre mit dem Makromilieu ergibt sich erst nach einer erheblichen Verzögerung (z.B. 10 Jahre) auf dem Weg über die Kopie. In der Tat verläuft der Kreislauf fast immer innerhalb des Mikromilieus und öffnet sich nur ausnahmsweise zum Makromilieu hin.

5. Praktisch "verbrauchen" die meisten Künstler eine begrenzte
Anzahl allgemeiner Ideen und Linien, die sich im "Feld der Möglichkeiten" ziehen, indem sie ein bis zwei "Stile" anwenden, die
mehr oder weniger Konstanten in ihrem Leben bilden.
6. Die Anzahl der möglichen Stile ist weit geringer als die der Ideen.
Die meisten Künstler verfügen nur über einen, den sie gezwungen
sind, "auszuarbeiten". Die Zahl der Ideen ist ebenfalls eng begrenzt: ein Künstler, der in seinem Leben fünf oder sechs Ideen
gehabt hat, ist ein Entdeckergenie.
Was ist also eine Kunstgalerie? Funktional gesehen spielt sie für
die Künstler die Rolle eines Verlegers und für ihre Kunden die eines Wechselmaklers. Sie kauft, lagert, stellt aus, verkauft und publiziert die Werke des Künstlers in einer Untergruppe des Publikums,
wobei der Mechanismus ihrer Funktion im Laufe der letzten zehn
Jahre präzis genug geworden ist, auf jede einzelne Kunstform einen
erheblichen Einfluß ausüben zu können. Der kulturelle Zyklus der
darstellenden Künste enthält mehrere geschlossene Kreise, in denen
eine gewisse kulturelle Umgebung, ausgedrückt in einer "öffentlichen" Meinung, langsam auf die neuen Werke reagiert. Der Künstler arbeitet — gelegentlich mit äußerst summarischen materiellen
Mitteln —, seine Werke werden von einer Galerie ausgewählt, die
sie ausstellt, dann schafft die Galerie den Kontakt mit vier wichtigen Zweigen der Verbreitung:

1. den *Kunstkritikern,* die die Werke im Kanal der Kunst-Zeit-
schriften besprechen;
2. den *Salons,* deren Einfluß z.B. in einem zentralisierten Land
wie Frankreich recht erheblich ist;
3. den *Liebhabern,* die durch die Werbung angezogen werden;
4. der *zufälligen Verbreitung* durch Neugierige, die wir hier nicht
vernachlässigen dürfen.

Die Galerie stellt aufgrund der Arbeitsausgaben des Malers, seines
Honorars sowie anderer Ausgaben eine untere Grenze für den
Kostenpreis des Werkes fest. Dieser dient als Grundlage für das
spekulative System, das den Maler zur Berühmtheit und seine Werke auf den kulturellen Markt bringt. Die Galerie multipliziert den
minimalen Rentabilitätswert mit einem Koeffizienten, der von dem
stets unsicheren, aber nie völlig unbegründeten Urteil abhängt, das
sie sich über den Künstler und seine Aussichten bildet. Später wird
vielleicht der oben angedeutete minimale Kostenpreis zu einem

verschwindend kleinen Bruchteil des Verkaufspreises. Die mittlere Zeit für die Ausstellung von Werken eines Künstlers ist ein Monat, und die Reaktionszeit der aufgezählten Kanäle wechselt zwischen einigen Wochen und einigen Monaten. Die Gesamtheit dieser Kanäle hat in diesem Stadium wenig Rückwirkung auf den Künstler. Dieser fühlt sich relativ isoliert und wenig mit der ihn umgebenden Gesellschaft verbunden. Freilich empfängt er Botschaften aus dem unmittelbaren Milieu der Galerien und Kunstzeitschriften, aber die öffentliche Meinung im weiten Sinne kann erst nach einigen Jahren und nur in dem Fall auf ihn wirken, wo der Kreislauf, den er durch den Kontakt mit der Galerie hergestellt hat, tatsächlich bis zur Masse durchgedrungen ist. Es ist letzten Endes die Galerie, die durch die Auswahl, die sie unter den Werken des Malers trifft, und die Verbreitung, die sie ihnen gewährt, die wichtigste Rolle für die Bedeutung spielt, die das Gesamtwerk des Künstlers im sozialen System annehmen kann. "Bedeutung" hat hier einen quantitativen Sinn, der mit dem "Wert" im Sinne der klassischen Ästhetik nur lose verbunden ist. Schließlich muß für eine Anzahl privilegierter Künstler der Prozeß der Reproduktion erwähnt werden, der etwa analog zu dem des Verlages für geschriebene Texte funktioniert. Das Vordringen in diesen Bereichen bedeutet eine Art sozialer Krönung für den Künstler.

Wir können im hier untersuchten kulturellen Zyklus drei Arten von Kreisläufen feststellen. Der erste hat eine kurze Verzögerung (2 Monate) und ist der der Kunstkritiker und der Galerien. Der zweite liegt in der Meinung des spezialisierten Milieus und hat eine Verzögerung von einem Jahr; der dritte schließlich ist die Reproduktion (10 Jahre). Sie *besitzen jedoch insgesamt einen sehr kleinen Reaktionskoeffizienten* in bezug auf das künstlerische Werk. Infolge der geringen gesamten Rückwirkung fühlt sich der Künstler frei: er hat den Eindruck, daß er auf seinem Weg durch das soziale Milieu von diesem unabhängig ist. Durch die Ergebnisse seiner eigenen Handlungen wird er kaum beeinflußt, und, was wichtiger ist, er ist quasi unabhängig von den großen Ereignissen des soziokulturellen Rahmens und unterliegt weit deutlicher dem Einfluß des Zufalls oder der Technik als dem Einfluß der Meinung anderer über ihn. Seine Verbindung mit seiner Zeit ist also diffuser und hängt an den Lebensgewohnheiten, der technologischen Entwicklung sowie der kulturellen Geschichte jedes einzelnen Künstlers. Der Einfluß der Galerie liegt eher in der *Auswahl* unter einer Vielzahl von

Möglichkeiten als in der regulierenden *Rückwirkung* auf das Oeuvre
einiger weniger Schöpfer.

## 12. Musik

Als weiteres wesentliches Grundelement der Kultur einer modernen
Gesellschaft werden wir das musikalische Material untersuchen. Dies
wird uns in die Lage versetzen, die Elemente der Übertragung und
Entwicklung eines zeitlichen Typs von Botschaften zu erkennen,
der vor allem durch seine *Nicht-Aktualität* charakterisiert ist. Die
Musik integriert sich auf eine ganz besondere Art und Weise in unseren kulturellen Rahmen. Um sie im Verhältnis zu den anderen
Elementen, die wir gesehen haben, einordnen zu können, müssen
wir auf unsere ursprüngliche Definition der Kultur als die Summe
der künstlerischen Elemente unserer Umgebung zurückkommen. In
der heutigen Welt bildet die Musik ein sehr wichtiges Element, zumindest vom quantitativen Standpunkt aus. Das heißt, wir haben
es mit einem ausgedehnten Phänomen zu tun, dem wir darum hier
größere Aufmerksamkeit widmen werden, da es uns einen wichtigen
Vergleichspunkt liefert.

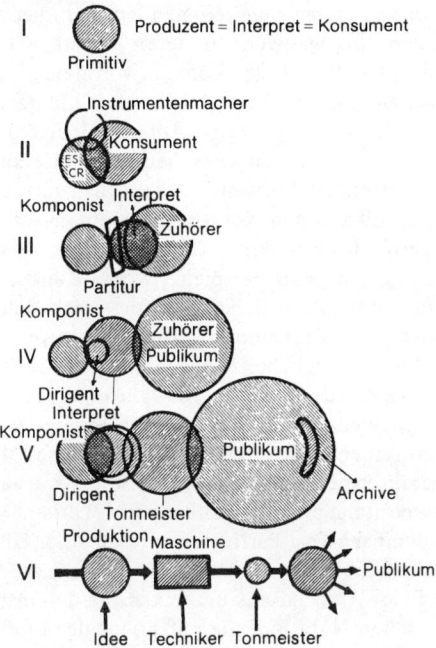

*Abb. 12* Die diversen Phasen der Trennung von Produzenten und Konsumenten der Musik.

I   Selbstherstellung eines Instruments (Schilfrohr) zum improvisatorischen Selbstgebrauch (Einheit von Produzent und Konsument).

II  Handwerkliche Spezialisierung bei der Herstellung von Instrumenten und spontane Kreation (Produzent, Konsument und Instrumentenbauer sind noch nahezu identisch).

III Beginn der Trennung von Produzent und Konsument im 15. Jahrhundert.

IV  Entstehung der Notenschrift, die Produzent und Interpreten trennt.

V   Entstehung des Orchesters, die Trennung zwischen Dirigent und Musikern hervorruft.

VI  Mit dem Aufkommen des Rundfunks und vor allem der Schallplatte entsteht eine oft entscheidende Verwandlung der Musik durch den Toningenieur, einen geheimen Oberdirigenten, der die ästhetische Botschaft nach Wunsch und Willen bearbeitet, um sie den Kanons der sinnlichen Wahrnehmung entsprechend zu machen. In der Masse der Zuhörer bildet sich ein neues Mikromilieu im Sinne einer neuen, diskophilen Kenntnis der Musik, die eine neue Art Authentizität darstellt. Die Schallplatte löst rapide das Konzert ab: die Musik wird wieder intim

Die Musik ist aus einem *Spiel* entstanden, hat aber tiefgreifende
Veränderungen durchgemacht, in deren Verlauf wir drei aufeinan-
derfolgende Phasen feststellen können, von denen jede einer anderen Situation entspricht. Die erste Phase ist die der musikalischen
Spontaneität. Sie geht bis zu den Anfängen der Musik zurück, die
sich aus der Perspektive der Menschen von heute über die ganze
Periode von der ersten Verwendung von Instrumenten bis zur Einführung der musikalischen Notation hinzieht. Während dieser Zeit
fehlt der Begriff des Publikums fast völlig. Das Vergnügen an der
Musik lag darin, daß man sie spielte, wobei Künstler und Zuhörer
koinzidierten. Eine allmähliche Trennung ergab sich erst mit der
Einführung von Instrumenten, die zum kollektiven Hören geeignet
waren, d.h. ein hinlängliches Klangvolumen besaßen. Hierfür ist die
hydraulische Orgel, die etwa im 10. Jahrhundert in Byzanz ent-
stand, das erste bedeutende Zeugnis. Ein Minimum an Kultur, die
Fertigkeit auf einem Instrument und ein gewisses Maß an verfügba-
rer Zeit charakterisieren diese erste Phase der musikalischen Form,
für die die Spontaneität, das Fehlen von "Werken" im heutigen
Sinne und demnach von Partituren typisch sind. Die Musik war
gut in eine praktisch rudimentäre Kultur integriert.

Die zweite Phase enstand aus der Fixierung der Instrumente und
der musikalischen Notation. Sie entspricht der Einführung eines
Gedächtnisses, dem Wunsch, das flüchtige zeitliche Phänomen festzuhalten. In ihr trennt sich auch das Zuhörerpublikum von den
Ausführenden. Praktisch ist diese Periode zweigeteilt, nämlich einerseits in die Herausbildung des Werkes bis gegen Anfang des 18.
Jahrhunderts, zum anderen in die Trennung der als Sender der
musikalischen Botschaften fungierenden Mikrogruppe in Komponist und Interpret, zwei Funktionen, die in der Folge immer weiter
divergieren sollen.

Schließlich zeigt sich die Musik in der dritten Phase am Ende des
19. Jahrhunderts als ein Ritus, der durch die fast mystische Ver-
herrlichung zweier Persönlichkeiten charakterisiert ist: einmal des
*Komponisten,* eines göttlichen Wesens, das auf die Erde herabge-
stiegen ist, um Meisterwerke zu schaffen, und dessen eventuelle
Menschlichkeit, z.B. seine Wäschereirechnung, nur eine bizarre und
bunte Randerscheinung ist. Zum anderen aber auch des *Interpreten,*
symbolisiert im Solisten oder Dirigenten, der durch die Magie seiner Kunst oder eines komplexen Organismus wie des Orchesters
das vom Komponisten ex nihilo konzipierte Werk "ausdrückt". All-

mählich löst sich die Musik von der Spontaneität und wird zur
Religion. Es bildet sich ein musikalischer Staat mit obligarisch-
theokratischer Verfassung heraus, wo die Macht in den Händen
höherer Wesen liegt, die ein Instrument spielen können, den Ein-
weihungsritus des Partiturenlesens durchgestanden haben und eine
Plebs von Zuhörern regieren, die zur Teilnahme an der Zelebrierung
des Kultes zugelassen wird: dem Konzert. Dieser musikalische
Staat besitzt eine gewisse Anzahl von Institutionen, in denen sich
ein intensives, aber in der Ausdehnung relativ begrenztes musika-
lisches Leben abspielt. Die "Öffentlichkeit" im musikalischen Staat
ist nur ein kleiner Bruchteil der menschlichen Gesellschaft. Die
Reaktionen zwischen Schöpfung und Verbreitung spielen sich im
Stadium des Konzerts oder der Oper ab, wobei letztere ein Unge-
tüm von Maschine ausmacht, das ein Bühnenwerk und ein musika-
lisches Werk aufeinandertürmt und überdies noch ein optisches
Schauspiel liefert. Dabei ist das Publikum eine Reaktions- und Ap-
plausmaschine, weil man sich nur schwer einen Kult ohne Gläubige
vorstellen kann. Die bestimmenden Elemente der dritten Phase
sind der Prozeß der Kopie und das Mitwirken der Massenmedien.
Sie beginnt gegen 1936, also zu der Zeit, wo das durch die Aufnahme erzeugte Vergnügen *spontan* wird, d.h. nur mehr ein sorg-
fältiges Zuhören erfordert. Es ist die Periode, in der die elektrische
Aufnahmetechnik den Markt erobert. Diese erleben wir gegenwärtig in ihrer ganzen Fülle durch den Absatz von 7 Milliarden Schallplatten durch die Industrie. Das Werk ist nicht mehr einzigartig
und a fortiori nicht mehr vergänglich. Jedes musikalische Werk hat
durch die Magie des Rundfunks und der Schallplatte in einer quasi
unbegrenzten Menge von Exemplaren zu existieren, die in der ersten Annäherung voneinander nicht zu unterscheiden sind. Das
Werk existiert potentiell überall und zu jedem Zeitpunkt. Es ist
universell zugänglich. Im musikalischen Staat entsteht eine Revolution, die ihn aus der Oligarchie zur Demokratie macht, wo die
"Authentizität" einen ganz anderen Sinn erhält als die Teilnahme
an einem Kult. Die normale musikalische Handlung wird der Kauf
einer Schallplatte und das Konzert ist nur mehr ein System der
Werbung oder der Meinungsforschung.
Der Interpret, der durch die Magie der Bandschnitte perfekt geworden ist, verblaßt allmählich in seiner musikalischen Rolle im Staat:
mit der Vielzahl der Solisten und Dirigenten setzt ihre Abwertung
ein. Der Komponist gewinnt eine neue Bedeutung, *entfernt* sich

aber immer mehr von seinem Publikum. Neben einer Masse von
geschriebener Musik, die Erbe der vergangenen Jahrhunderte ist
und 85% des musikalischen Verbrauchs an klassischer Musik reprä-
sentiert, bildet sich eine neue Musik und mit ihr eine neue soziale
Schicht, ein Mikromilieu, das sich unabhängig von der stets sehr
konservativ eingestellten Masse entwickelt. Dieses Mikromilieu öffnet
sich dem Experiment in allen seinen Formen. Im inneren des Werkes sieht man zunächst eine bestimmte originale Form und parallel
zu ihr eine Vielzahl von möglichen Verwirklichungen, die alle gleich
akzeptabel sind. Es entsteht eine Art Kulturbouillon von Formen;
die Variation, die Fantasie, das Potpourri, das Plagiat und die
Bearbeitung sind einige von diesen Entwicklungen.
Der musikalische Staat enthält also die folgenden Elemente:

1. Eine Masse von oft sehr gut informierten Schallplattenhörern,
die eine neue Form der Massenkultur repräsentieren, in der es einerseits den Willensakt gibt (Kauf und Anhören einer Schallplatte),
andererseits aber auch den zwangsweisen Verbrauch: das Radio
liefert dem Hörer ein bestimmtes Musikstück, und dieser nimmt
es aufgrund der angeborenen Trägheit seines Verhaltens passiv auf.
2. Ein Mikromilieu von Musikliebhabern im eigentlichen Sinne, die
neben den Wert "Vergnügen" den Wert "Bereicherung" setzen. Dieses Mikromilieu beträgt kaum mehr als 2% der abendländischen
Bevölkerung. Es bildet eine Klasse von Aufgeklärten, die manchmal musikalische Traditionen besitzen. Diese Klasse besucht avant-
gardistische Konzerte, nimmt am musikalischen Leben teil, liest
Zeitschriften und kauft Platten, die nur in einigen tausend Exemplaren verbreitet werden. Die Schallplatte spielt hier die Rolle des
Buches und bildet die normale Kommunikationsweise.
3. Innerhalb dieses Mikromilieus findet sich eine sehr kleine Untergruppe von Schöpfern, die durch den in steigendem Maße technischen Charakter der musikalischen Komposition definiert ist.
Viele von ihnen entwickeln neue musikalische Formen, etwa bei
der umfangreichen Bewegung der experimentellen Musik.
4. Schließlich enthält der musikalische Staat eine Reihe ausführen-
der Elemente technischer Art: Rundfunksendung, Herstellung von
Schallplatten, Toningenieure, Techniker aller Art und Unternehmer,
die Klangmaterialien liefern. Diese Unternehmen, die vom juris-
tischen und verwaltungstechnischen Standpunkt aus wie eine beliebige andere Produktionsgesellschaft der Industrie strukturiert sind,
stellen ein erhebliches bewegliches Kapital dar und sind praktisch

die einzigen Organisationen, die über genügend finanzielle Mittel
verfügen, um in der Verbreitung musikalischer Werke eine bestim-
mende Rolle zu spielen. Der Rundfunk ist der größte Mäzen der
modernen Zeit, gefolgt von den Schallplattenherstellerfirmen. In
diese letztere Klasse sind auch die wenigen hundert ausführenden
Musiker einzuordnen, die genügen, um die klangliche Verwirklichung der traditionellen Musik (sowie der modernen, soweit diese von
Instrumenten Gebrauch macht) zu sichern.

Von einer bestimmten Idee im Geist eines bestimmten Angehörigen
des Mikromilieus, der für die Einflüsse der Umwelt empfänglich und
oft mit philosophischen, ästhetischen, mathematischen und anderen
Theorien gefüttert ist, geht der potentielle Schöpfer aus und "kompo-
niert" einen Plan. Dann setzt er diese Idee mit Hilfe diverser sozialer Kanäle des Mikromilieus in Umlauf, so daß die Unternehmer mit ihr Kontakt bekommen. In diesem Bereich spielen ältere Kollegen als Angehörige
der Verwaltung des Musikstaats und Mitglieder diverser Programm-
beiräte eine große Rolle. Schließlich erreicht er seine erste Aufführ-
rung aufgrund eines Vertrags, der ihm praktisch erlaubt, seine Idee
in ein Werk im eigentlichen Sinne zu verwandeln, wobei oft durch
Zufälle verschiedenster Art zahlreiche Veränderungen auftreten.
Dann wird das Werk bei einem Konzert oder hauptsächlich durch
Rundfunk in einem Mikromilieu verbreitet, dessen Reaktionen einer ersten Meinungssondierung dienen. Es genügt, daß diese erste
Sondierung deutlich positive oder negative Resultate ergibt, um
dem Werk zu bescheinigen, daß es einem Wertkriterium genügt hat;
dabei ist relativ unwichtig, ob die Ergebnisse nun positiv (für) oder
negativ (gegen) sind. Am wichtigsten ist, daß das Werk auf
Magnetophonbänder aufgenommen wird und infolgedessen im strengen Sinne existiert, wenn auch in einer reduzierten Form. Dieses
Stadium entspricht im schriftlichen Bereich dem maschinengeschriebenen Manuskript.

Das "Manuskript", welches in der Magnetophonaufnahme vorliegt,
wird nun nach einer Zeitspanne, die zwischen einigen Monaten
und Jahren betragen kann, sei es dem Mikromilieu in wiederholten
Verbreitungen, sei es endlich einem Schalplattenverleger vorgelegt,
der es in eine Vielzahl von Kopien verwandelt. Diese Vielzahl teilt
sich im allgemeinen in zwei Stufen: einmal die Veröffentlichung
einer Schallplatte in einer der "Neue Musik" betitelten Serien in
einigen tausend Exemplaren, und dann, in einem von hundert Fällen, die Verbreitung in großer Auflage, die sich über das Mikromilieu

hinaus an die Masse richtet. Dies geschieht im allgemeinen jedoch nur nach einigen Jahren der Bewährung. Dieser Prozeß unterliegt sehr strengen Auswahlregeln, für die man annehmen kann, daß sie wesentlich genauer sind als z.B. die, die den Markt der visuellen Künste oder des Romans beherrschen. Der erfolgreiche Komponist verbringt fast immer eine Anzahl von Jahren damit, seine Tendenzen und Ansichten auf eine mehr oder weniger handwerkliche Weise zu vertiefen. Die Rückwirkungen treten also auf verschiedenen Stufen auf, unter denen der Erfolg in den Massenmedien erst die letzte Stufe bildet.

Hier ist anzumerken, daß die Partitur, die, was die moderne Musik betrifft, fast gänzlich bedeutungslos geworden ist, im Gebiet der populären Musik ein wichtiger Wert bleibt. Sie hat zwar auf kultureller Ebene fast gar keine Bedeutung, kompensiert aber ihren Mangel an originalen Beiträgen durch die ungeheure Ausdehnung ihres Marktes. Der Ankauf einer Partitur eines populären Stückes durch einen Verleger spielt immer noch eine wichtige Rolle, wenn sich auch auf diesem Gebiet eine ganze intellektuelle Industrie von Textern, Bearbeitern, Harmonisierern, Orchestratoren usw. etabliert hat, in der sich die Entwicklung zu einer Trennung zwischen der Herstellung der Ideen und der der eigentlichen Werke abzeichnet.

Unter den Reaktionssystemen, die in dieser Kette von Vorgängen mitspielen müssen, wollen wir hauptsächlich auf drei hinweisen, von denen ein jedes sehr wechselnde Zeitspannen bedingen kann. Die erste Reaktion wirkt auf die theoretische Idee selbst und auf die Auswahl zwischen guten und schlechten Ideen unter dem Einfluß der "Meister", die in der Musik noch eine fühlbare Rolle spielen. Eine zweite gleichartige, aber ein wenig ausgedehntere Auswahl spielt sich im Stadium der Konkretisierung ab, ob diese nun die Partitur ist oder ein Projekt, das bei vielen modernen Musiken dazu neigt, die Form eines Szenarios oder einer Synopsis anzunehmen. Aber hier spielt auch schon ein gewisses Zufallselement eine nicht unerhebliche Rolle, das sich schon aus der Situation ergibt, in der sich der Schöpfer befindet, und beeinflußt nicht nur die Form, die dieses erste Stadium der Komposition annimmt, sondern auch die Ausführungsweise, die dem Komponisten zur Verfügung gestellt wird. Dies kann ein öffentliches Konzert, eine Rundfunksendung, das Theater oder ein Studio sein und hat seinerseits einen großen Einfluß auf die Realisierung des Werkes.

Im Stadium der Verwirklichung kommen die Meinungen der Kritiker

und die der Angehörigen des musikalischen Mikromilieus hinzu,
die sich sowohl in einer endgültigen Veränderung als auch in der
Möglichkeit eines Einflusses auf die Massenmedien auswirken, indem sie für den musikalischen Unternehmer einen ersten Querschnitt
durch die Reaktionen eines bestimmten Publikums vermitteln. Das
Stadium der Massenverbreitung selbst teilt sich in zwei Etappen:
die der Tausende von Exemplaren, die viele Komponisten nie überschreiten, und die der Zehntausende, die den Punkt bildet, von
dem an man wirklich von Einfluß auf die musikalische Auffassungs-
art einer Zeit sprechen kann und an dem sich die "populäre" Musik von der "gelehrten" trennt. Diese beiden Arten spielen quantitativ auf dem musikalischen Barometer einer Zeit ungefähr die
gleiche Rolle, wenn auch auf sehr verschiedene Weise, die sich in
Verbreitungskurven aufzeichnen läßt.

Praktisch geschieht die Aufnahme der musikalischen Botschaften
in die soziokulturelle Tabelle von einem bestimmten Stadium der
Verbreitung an; gleichzeitig über Schallplatte und Rundfunk. Letzterer wirkt stark beschleunigend auf die Verbreitung, und da das
Mikromilieu der diskophilen Hörer 98% der Programmproduzenten
des Rundfunks mit einschließt, wird jedes musikalische Werk, das
das Stadium der Schallplatte einmal erreicht hat, innerhalb weniger
Wochen von diesen fast automatisch den Hunderttausenden von
Radiohörern vorgelegt werden.

## 13. Rundfunk

Der Rundfunk ist einer der Mechanismen der Massenmedien, der
in seinem technischen Funktionieren am besten definiert ist. Die
Gesetze, die es bestimmen, sind gleichbleibend, unabhängig von
der Art der beförderten Botschaft. Aus prinzipiellen Entscheidungen, die von Beiräten oder Abteilungsleitern gefällt werden, ergibt
sich die Verwirklichung einer Anzahl ausführlicher Teilentschei-
dungen, d.h. von Entwürfen für Programmserien. Sie werden von
Individuen verwirklicht, die mehr oder weniger die Verantwortung
für sie tragen und mit ihrer unmittelbaren Umgebung sehr eng,
mit dem Hörerpublikum aber sehr schlecht in Verbindung stehen.
Der Techniker im Studio hat mehr Gelegenheit auf Form und Niveau dieser oder jener Produktion einzuwirken als die große Masse
der fernen und passiven Hörer, für die die Produktion bestimmt ist.

Das Endprodukt, die Sendung, wird in den Äther ausgestrahlt und
von einem Publikum von Hunderttausenden von Personen gehört,
die sich in eine Masse isolierter Mikrogruppen auflöst und ein gutes Teil isolierter Individuen enthält. Die Mechanismen des Zuhö-
rens, allein, im Familienkreis oder in Gruppen, sind in der Literatur reichlich untersucht worden. Sie unterliegen dem Maß der Hörbarkeit, das z.b. bei Musik vom klanglichen Niveau, von der Situation des Hörers, der Instrumentierung usw. abhängt.

Was uns hier interessiert, ist die Reaktion des Publikums auf die
Botschaften, die ihm vorgelegt werden. Bekanntlich vollzieht sich
die Rückwirkung der amorphen Masse der Hörer auf das Produk-
tionssystem des Rundfunks — übrigens ebenso wie auf das des
Fernsehens — mit Hilfe von drei getrennten Kanälen:

1. *Die Hörerbriefe,* die sehr sorgfältig ausgewertet werden, aber nur einen
sehr speziellen Querschnitt durch das Gesamtpublikum darstellen. Diejenigen, die schreiben, stellen beinahe eine Abweichung von denen dar, die zuhören, denn das Radio ist ein zu geläufiges Element der täglichen klanglichen
Umgebung, als daß ein normaler Hörer sich die Mühe machen könnte, der
Verfassung eines Briefes eine Stunde zu opfern.
2. Der zweite Reaktionskanal ist die *Rundfunk- oder Fernsehkritik* in Ta-
geszeitungen und spezialisierten Blättern. Sie nimmt in dem Maße ab, wie
der Funk auf die Banalität eines öffentlichen Dienstes reduziert wird. Jedoch ihr Einfluß behält große Bedeutung, denn der Zuhörer ist in diesem
Falle ein beruflicher Zuhörer, von dem angenommen wird (wohlgemerkt:
angenommen wird), daß er kultiviert, kompetent, von kulturellem Ehrgeiz
beseelt, unabhängig und unparteiisch ist. Die Verzögerung der Reaktion
(des Kritikers) ist relativ konstant und liegt maximal bei einer Woche, so daß
sie mit den Ergebnissen aus den Hörerbriefen verglichen werden kann.
3. Der dritte und qualitativ exakteste Kanal schließlich ist gleichzeitig der
mit der größten Verzögerung: es ist die *Meinungsforschung,* die von fast allen
großen Rundfunkanstalten praktiziert wird.

Sie beruht auf erprobten wissenschaftlichen Methoden und vermittelt der Organisation, die sie durchführt oder durchführen läßt,
ohne jeden Zweifel das objektivste Bild seines Publikums. Sie
macht es durch statistische Kunstgriffe möglich, Verzerrungen kultureller Art auszuschalten. Leider erhält man mit Ausnahme der
Stichproben über Telefon, die stets sehr magere Ergebnisse bringen,
die Resultate der Meinungsbefragungen frühestens einige Tage oder
Wochen nach den Ursachen, die zu den Ergebnissen geführt haben.
Daher können sie sich nicht auf das Schaffen eines bestimmten Individuums auswirken, noch weniger auf die Werke eines Komponisten, sondern nur auf die Einflußvektoren, die man im Mechanismus des Rundfunks beobachten kann.

Aus der Gesamtheit dieser Bemerkungen läßt sich das Schema in Abb. 13 ableiten, das ein Organogramm der kulturellen Tätigkeit des Rundfunks darstellt. Man ersieht daraus, daß die Reaktionen des Publikums nur eine partielle Koppelung bilden und sich in einem sehr wechselnden Prozentsatz mit anderen Motivationen verbinden, deren Zusammensetzung davon abhängt, ob die Rundfunkanstalt privat oder öffentlich, ob sie durch Werbung mitfinanziert ist oder nicht und ob sie Konkurrenten hat oder eine Monopolstellung einnimmt.

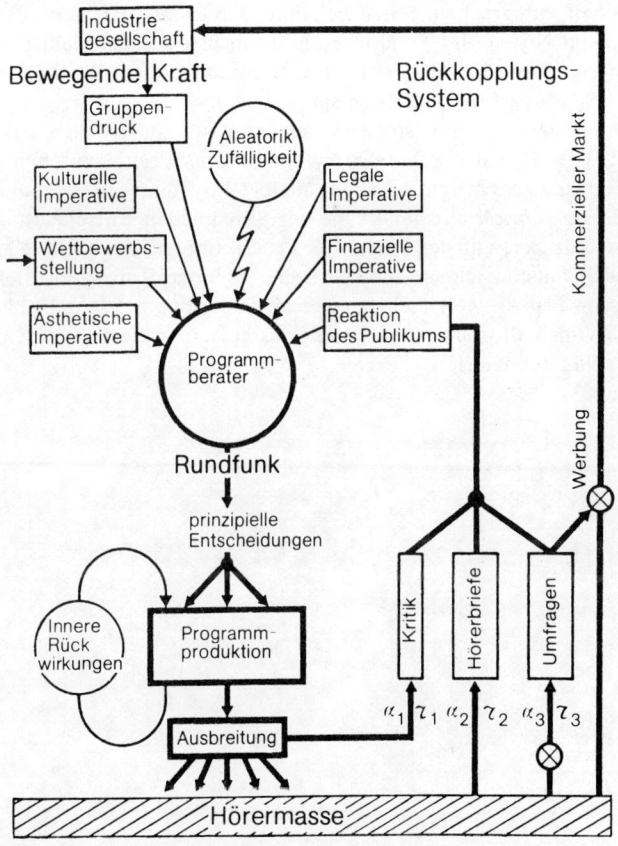

*Abb. 13*  Typisches Organogramm für den Rundfunk

Die Theorie solcher Systeme ist von den Wirtschaftlern und Ky-
bernetikern ziemlich weit ausgedehnt worden. Man kann daraus
Analogmodelle entwickeln, die unter Abwägung der verschiedenen
Einflüsse, aus denen sich die Wertetabelle des Systems bestimmt,
sowie deren Gegenüberstellung mit den Rückwirkungen der durch
das Ausgesandte verursachten Reaktionen auf das zur späteren
Sendung Aufgenommene, die Entwicklung des Systems voraussehen. Es sei nur daran erinnert, daß je nach dem Wert der Gesamtheit der Reaktionen im System Oszillationen semi-periodischer Art
zu beobachten sind, die recht wohl den Erfahrungen aus der Wirklichkeit entsprechen. So ist bekannt, daß es eine jährliche Periodizität im Niveau der Sendungen gibt, ebenso wie in jedem Programm-
typ eine Periodizität in der Größenordnung einiger Wochen, die in
den Sendungsserien deutlich spürbar sind.

In dem Mechanismus spielen zwei Arten von äußerlichen Faktoren
mit. Die eine ist die *Koppelung durch Konkurrenz* zwischen einem
Rundfunksystem und anderen, analogen Systemen. Der andere ist
die *Intervention* auf der Ebene der prinzipiellen Entscheidungen
und, seltener, auf der Ebene der Produktionen selbst. Diese spielt
in der künstlerischen Schöpfung eine wichtige Rolle und interessiert
uns im Prinzip weit mehr als der Mechanismus des Rundfunks, der
sich vom kulturellen Standpunkt aus auf einen riesenhaften Laut-
sprecher reduziert.

*IV Kapitel*

# Eine soziodynamische Theorie der Massenkommunikationsmittel am Beispiel von Rundfunk und Fernsehen

> Wir sind die Beamten
> der Morgenröte.
> E. Bloch

## 1. Die Autoreaktion zwischen Kultur und schöpferischer Tätigkeit

Die bisherigen Kapitel haben gezeigt, daß in der Schöpfung neuer Ideen und Formen innerhalb der Gesellschaft ein geschlossener Zyklus vorliegt: Der einzelne Schöpfer lebt innerhalb seines sozialen Milieus und empfängt aus diesem seine Kultur. Mit Hilfe der Elemente, die er seiner Umwelt entnimmt, schafft er neue Ideen, neue kulturelle Botschaften, die sich auf einer späteren Stufe in ein Mikromilieu eingliedern und durch Massenkommunikationsmittel in der Gesamtheit des sozialen Milieus stark banalisiert verbreitet werden. Jedem der kulturellen Kanäle (gesprochenes und geschriebens Wort, Malerei, Film, Musik, gedruckte Texte, wissenschaftliche Veröffentlichungen usw.) entspricht ein eigener Zyklus mit spezifischen Eigenschaften. Zu diesen gehören besonders die zeitliche Verzögerung und die Intensität der Rückwirkung des Milieus auf die in ihm lebenden schöpferischen Individuen, die in jedem Zyklus verschieden sind. Bei einer Gesamtsicht der Gesellschaft zeigt sich also ein weites Netz von kulturellen Zyklen, alle voneinander verschieden und alle ineinander verschachtelt, alle dennoch auch einigen allgemeinen Gesetzen der Systematik unterworfen.
Die Grundvorstellung eines *Kreislaufs* zwischen Hersteller und Verbraucher der Kultur setzt diese in Parallele mit den Waren, die das Objekt der Ökonomie sind. Hieraus ergeben sich bestimmte pragmatische Regeln, die es ermöglichen müßten, die konstanten Eigenschaften der Zyklen, und damit die Kultur selbst, zu beeinflussen, wenn man die soziale Einheit, der die Kultur angehört, als ein mehr oder weniger geschlossenes System ansieht. Es dürfte also möglich sein, auf die kulturelle Zukunft des Menschen einzuwirken, indem man auf die Medien einwirkt.
Hierin liegt das Problem einer Soziodynamik im eigentlichen Sinne

geborgen, und seine Wichtigkeit ist deshalb besonders groß, weil
in unserer Epoche der größere Teil der Kultur den Weg über die
Massenkommunikationsmittel nimmt, die im Zyklus der Verbreitung die wichtigste Stelle einnehmen, und weil diese Kommunika-
tionsorganismen dazu kommen müssen, über sich selbst und ihre
Politik nachzudenken, das heißt die Grundsätze ihres Handelns zu
definieren. Sie selbst befinden sich — bürokratisch oder privat ge-
staltet — in der Hand einer geringen Zahl von Individuen: den
*gate keepern,* die dementsprechend über eine immense Macht in
bezug auf die Entwicklung der Gesellschaft verfügen, die manchmal mit der Macht des Geldes in engem Zusammenhang steht.
Auf die erste Frage: "Wie funktionieren die Massenmedien?" folgt
gewöhnlich die zweite: "In welchem Sinne soll man von ihnen
Gebrauch machen?" So sind z.B. Rundfunk und Fernsehen riesige
Kulturmaschinen, die in der Ära der Technokratie von Produzenten und Direktoren beherrscht werden. Die Erfahrung zeigt, daß
diese Technokraten oft seltsam ungewisse Vorstellungen von der
Rolle haben, die sie spielen sollen, d.h. sie haben keine zusammenhängende Politik. Im Gegensatz zu einer im breiten Publikum vor-
herrschenden Meinung stehen sie durch ihre Position in der Elite
der Macht nicht unbedingt vollständig unter dem Einfluß von Geld
oder Ideologien, sondern sind, im wörtlichen Sinne, "Menschen
guten Willens" — nur: guten Willens, um *was zu tun?* Dies ist ein
Punkt, in welchem sich fast alle Massenkommunikationsmittel
gleichen, denn die wenigsten von ihnen handeln in der Welt von
heute mit dem bewußten Ziel eines konsequenten Einflusses auf
die Menschheit, und vielleicht liegt in dem zu beobachtenden Ge-
geneinander verschiedener Pläne und Vorstellungen, deren keiner
eine Vorrangstellung einnimmt, für den Einzelnen der wirksamste
Schutz vor einer technokratischen Diktatur.

## 2. Die Hauptelemente des Kulturzyklus

Wir sind von einer Anzahl von Grundhypothesen ausgegangen, die
wir an Beispielen zu rechtfertigen gesucht haben. Wir haben gezeigt,
daß man die Kultur legitimerweise als eine spezifische Art von Ware
betrachten kann, die einer Anzahl spezifischer Gesetze unterliegt
und für die man einen *Kostenpreis* und einen *sozialen Wert* bestimmen kann, deren relative Größe kulturelle Bewegungen verursachen

und beherrschen. Wir haben unterstellt, daß es möglich ist, eine strukturalistische Darstellung der Kultur zu akzeptieren, nach der Fragmente von Ideen, Bildern oder Formen existieren, die der Schöpfer aus seiner Umwelt empfängt oder destilliert und zu einem originalen Mosaik zusammenfügt. Das heißt, die Aufgabe des Schöpfers liegt darin, aus banalen Elementen eine neue Form zu schaffen, die sich ihrerseits durch den Kanal der Massenmedien in die Kultur der Gesellschaft im ganzen eingliedern soll, um später zu einem neuen, ähnlichen Prozeß Anlaß zu werden. Dies ist das Schema, das wir *kulturellen Zyklus* genannt haben. Dabei haben wir vor allem die teilweise vom Zufall abhängigen Auswahlprozesse unterstrichen, die in verschiedenen Phasen des Zyklus auftreten, der von einem kulturellen "Verstärker", wie etwa Rundfunk oder Presse, gebildet wird. Diese wählen mehr oder weniger zufällig Gegenstände aus dem Mikromilieu aus, durch das sie gespeist werden. Die Gegenstände werden einem Publikum vorgelegt, das sie seinerseits ein zweites Mal, wiederum zufällig, aber unter Berücksichtigung bestimmter Kriterien, sichtet. Dieser Vorgang entspricht genau dem, was man in der Netztheorie eine *Iteration* nennt.

Es läßt sich denken, daß die unbegrenzte Wiederholung dieses Vorgangs zu einer Art *Kristallisierung* der Denkweise der Gesellschaft führen muß. Nimmt man z.B. an, daß dem gleichen Publikum 100 Informationen wissenschaftlichen Charakters und 100 andere vorgelegt werden, die literarischen Charakters sind, wobei gegeben sein soll, daß alle übrigen Bedingungen gleich sind (Rahmen, Lesbarkeit, Anziehung usw.), und daß eine spontane Reaktion des Publikums dazu führt, daß es zehnmal öfter "literarische" Informationen wählt als "wissenschaftliche", so ist einzusehen, daß wenn dieser Vorgang ungehindert einige Jahre angedauert hat, durch *Iteration* die kulturellen Kanäle allmählich ihre Grundrichtung ändern, weil die Menschen, die sie bedienen, von den Empfängern des gesendeten Materials beeinflußt werden usw. Der Vorgang ist kumulativ und muß dazu führen, daß in einer allmählichen Evolution der soziokulturellen Tabelle bestimmte Aspekte zuungunsten mancher anderer sehr deutlich hervortreten. Praktisch ereignet sich dies jeden Augenblick, und die sichtbare Form ist jene beständige Unzulänglichkeit der "Kultur" gegenüber dem "Zustand der Welt", die die Philosophen tadeln. So ist ganz sicher, daß das Gewicht eines einzelnen Schriftstellers – und seien es Genies wie *Goethe, Racine* oder *Shakespeare* – gegenüber der ungeheuren Masse von aktuellen, wichtigen und zugänglichen Kenntnissen, die uns im "Gedächtnis der Welt" heute vorliegen, verschwindend klein ist. Der beste Beweis hierfür liegt in der Tatsache, daß man sicherlich äußerst "kultivierte" Menschen finden könnte, deren Kultur ebenso augenfällig wie spontan und praktisch nützlich ist und die nie auch nur ein Wort von *Shakespeare* gehört oder gelesen haben. Was wir hier aussprechen, ist letzten Endes das Mißverhältnis zwischen einem täglichen Leben des Geistes und einem maßstäblichen Querschnitt durch die Kenntnisse. Hier zeigt sich also ein erster Aspekt einer Kulturpolitik: die eventuelle Reaktion gegen das Phänomen solcher intellektueller Fahrrinnen oder das "Einfrieren" der Erkenntnis durch den Mechanismus wiederholter Filterungen, wie er in den Massenmedien vorkommt.

Glücklicherweise ist dies nicht der einzige Mechanismus, der im Spiel ist. Philosophen, Pädagogen oder Erneuerer werden sich periodisch der eigenen "Fahrgeleise" bewußt und suchen diesen Zyklus zu durchbrechen, indem sie eine bestimmte Idee, die undeutlich, aber von großer Wichtigkeit sein kann, oder eine bestimmte Haltung auf den beständigen Kreislauf, den das Prinzip des geringsten intellektuellen Aufwandes herbeiführt, einwirken lassen. Beispiele hierfür sind das Bewußtwerden der Wichtigkeit der modernen Sprachen im Verhältnis zum in der Erziehung Tradition gewordenen Humanismus oder auch die Reaktion in der pädagogischen Welt zugunsten der Naturwissenschaften. Von Zeit zu Zeit wird so der Zyklus durchbrochen und die Menschheit schreitet im Zickzack zum Bewußtsein ihrer Kenntnisse fort. Nun wäre es genau Aufgabe der Massenmedien, in diesem Sinne wirksam zu werden. In der Praxis fällt sie einigen großen "parakulturellen" Organisationen zu (Stiftungen, UNESCO usw.), die es sich zum Ziel gesetzt haben, einem solchen Abgleiten der Kultur auf die Linie des stärksten Gefälles zu begegnen, weil die Kultur ansonsten dazu käme, einen großen Teil ihres eigenen Bestandes zu vergessen oder in der Hand einiger weniger, unbeachteter Gelehrter zu lassen. Diese Organisationen sind unabhängig vom Gewinn und damit (im Prinzip) unabhängig von einem der wichtigsten Rückwirkungsmechanismen der Kultur. Ihnen ist es eventuell gegeben, ein *Inventar* unserer Kenntnisse aufzustellen und zu versuchen, die Gesamtheit der Botschaften aus den Massenmedien mit der der Erkenntnisse zur Deckung zu bringen, d.h. in anderen Worten die soziokulturelle Tabelle und die Tabelle der Kenntnisse wieder miteinander zu verbinden.

Es gelte also, den Koeffizienten der *Verschiedenheit* der Kultur zu vergrößern, das heißt durch eine passende Ernährung gegen die fundamentale Tatsache zu reagieren, daß die große Öffentlichkeit sich systematisch nur von dem ernährt, was sie gewöhnt ist, sei es Musik, Malerei oder Wissenschaft, und dies unabhängig von allen Begleitumständen wie Zugänglichkeit, Verständlichkeit und Bedeutung. Es kann somit Teil der Politik der Massenkommunikationsmittel sein, die *Streuung* der Elemente der *soziokulturellen Tabelle* zu steigern. Journalisten und Politiker sind sich oft dieses besonderen Aspekts der modernen Doktrin der Massenmedien bewußt. Was sie aber selten begreifen, ist, daß dieser Aspekt nur einer unter vielen ist, der zur Verbreitung der Kenntnisse gehört. Da sich diese praktisch an der Trägheit des Publikums stößt, kann *die wirkliche Bedeutung von Erkenntnissen in der Auswahl durch die Massenmedien nie ein bestimmendes Kriterium sein.* Sie berücksichtigen in ihrer Politik der geringsten Anstrengung fast immer das Kriterium der *Zugänglichkeit,* was sich z.B. typisch im Fall der wissenschaftlichen Informationen zeigt. Man könnte freilich das Problem umkehren und behaupten, daß eine bestimmte Erkenntnis, sobald sie von Bedeutung ist, zugänglich sein *muß,* und daß es genügt, die passenden Mittel auf sie zu verwenden, und käme so zu einer allgemeinen Theorie der Erwachsenenbildung, die für wissenschaftliche Erkenntnisse und die Verbreitung der Kunst gleichermaßen zuträfe. Man könnte sagen, daß jede Erkenntnis jedem Individuum zugänglich ist, wenn sie nur mit den nötigen Mitteln behandelt wird. Das heißt, anstatt die Bemühungen im Lauf der technischen Entwicklung darauf zu richten, die größtmögliche Zahl von Menschen mit Botschaften zu versorgen, hätte man sich auf die psychologische Zugänglichkeit konzentrieren können, um eine vollständige Verständlichkeit der ausgesandten Botschaften zu erreichen.
Fragt sich: Wer sollte denn nun den Koeffizienten der Bedeutung bemessen, die dieser oder jener Gegenstand der Erkenntnis für die Kultur hat, wer eine Tabelle der kulturellen Werte aufstellen? Dies wäre die Rolle einer neuen Funktion innerhalb der Gesellschaft, die ihres eigenen Weges und Geschicks bewußt zu sein wünschte, anstatt zu wissen, daß sie von spontanen Impulsen bewegt wird. Freilich muß betont werden, daß es auf der Ebene der Details ganz einfach alltägliche Ereignisse sind, die das Programm der Massenmedien bestimmen — von einer allgemeinen Kulturlehre sind sie weit entfernt. Ein "Erdbeben in Chile" hat eine geographische

Wichtigkeitsabstufung, die relativ genau definiert ist: es hat einen
Einfluß auf das Verhalten der Chilenen, einen etwas geringeren auf
das ihrer Nachbarn (im weiten Sinne derer, die ihnen in Raum und
Zeit nahe sind), hat aber auf die Bewohner von Berlin praktisch
keine andere Funktion als die einer *Zerstreuung* und wird in dieser
Eigenschaft in die soziokulturelle Tabelle des Durchschnittsdeutsche
eingehen.

## 3. Der Kanal "Rundfunk"

Eines der beständigsten und allgemeinsten Probleme, vor die eine
Rundfunkanstalt gestellt ist, liegt in der Bestimmung der eigenen
Ziele und Wertskala. Dieses Problem gewinnt neue und aktu-
elle Bedeutung im Zusammenhang mit der kulturellen Förderung
einer recht großen Anzahl von Entwicklungsländern. Inzwischen
sind die technischen Probleme des Rundfunks zweitrangig geworden. Mit anderen Worten, wenn man heute einem Ingenieur angibt,
was geschehen soll und ihm die notwendigen Gelder zur Verfügung
stellt, so kann er ohne weiteres einen logischen, zusammenhängen-
den und angemessenen Plan für das, was sachlich notwendig ist aufstellen: Anzahl der Sendestationen, Sendestärken und -zeiten, Wel-
lenlängen, geographische Verteilung usw. Das Problem liegt also
nicht mehr auf technischem Gebiet, sondern in Richtung des Ver-
hältnisses der Programme zum Publikum. Es ist damit kultureller
Natur, das heißt, wie die Gesamtheit der Sendungen einer Station
organisiert werden muß, hängt von einer *Doktrin* des Rundfunks
ab. Man hat sehr lange gebraucht, um das Problem in dieser Weise
zu formulieren. Denn der Rundfunk hat in den letzten 30 Jahren
einfach das Feld seiner Möglichkeiten erkundet, seine Stile und
Produktionsarten definiert und darüber hinaus die letzten Jahre damit zugebracht, seine Rolle im Verhältnis zum Fernsehen zu fixieren, ohne übrigens hierbei zu eindeutigen Ergebnissen zu gelangen.
Es will scheinen, als müsse er sich noch in seiner Rolle als Kommu-
nikationsfeld definieren, das heißt als eine beständige und fakulta-
tive Verbindung des Individuums zur Gesellschaft.

## 4. Die demagogische Doktrin

Die erste Doktrin, die uns beim Rundfunk in der Praxis entgegen-
getreten ist, ist äußerst demagogischer Natur. Er ist in einem Land
des freien Wettbewerbs entstanden und hat sich nach der ersten
Euphorie der Kommunikation über weite Strecken sehr schnell zu
einem Verbindungssystem des Individuums mit dem sozialen Feld
und zum Element dieses sozialen Feldes entwickelt. Diese Verbindung hat sich als erstes in dem Eintauchen des Individuums ins
Werbefeld verwirklicht: das Radio wird zu einem System, dessen
Aufgabe es ist, dem Individuum bestimmte wirtschaftliche, mit dem
Vergnügen unzertrennlich vermischte Motivationen zu liefern; das
Radio ist das Möbelstück der toten Zeitspannen. Die pragmatische
Politik der Rundfunkanstalt definiert sich dann in dem Bestreben,
die größtmögliche Anzahl von Hörern anzuziehen und so lange wie
möglich festzuhalten: der Koeffizient der Hörerstunden mißt den
Wert des Erfolgs.
Die maximale Befriedigung der größtmöglichen Zahl ist dementsprechend der Leitsatz dessen, was wir als "demagogische Doktrin"
bezeichnen. Sie findet in allen den Fällen Anwendung, in denen
der Rundfunk als ein technisches Hilfsmittel des Werbefeldes angesehen wird, gleichberechtigt z.B. mit Annoncenblättern oder Wer-
beplakaten. Die wichtigste Funktion von Rundfunk und Fernsehen
liegt hier darin, eine Anzahl stereotypisierter Botschaften im Gehirn des Hörers oder Zuschauers zu fixieren, auf die sie dessen Aufmerksamkeit durch Unterhaltungselemente lenken, die so gewählt
werden, daß sie möglichst weiten Kreisen gefallen. Katastrophen,
Revolutionen, eine Mozart-Symphonie und die Atomenergie werden zu mehr oder weniger lebhaften Farbflecken auf dem audio-
visuellen Plakat. Die eigentliche Form ist jedoch die Struktur der
Werbung, die einzige in der Zeit konstante Gestalt großen Maßstabs,
die wirklich vom Sender an den Empfänger übertragen werden muß.
Die Doktrin wird hier wohlgemerkt in einer Grenzform dargestellt,
die bei keinem der für diese Kommunikationsketten Verantwortlichen jemals in ihrer ganzen Reinheit vorhanden ist und die sich in
gewissem Maße stets mit anderen Zielen, anderen Elementen der
Wertetabelle verbindet. Am weitesten fortgeschritten findet man
diese Doktrin wohl bei manchen privaten Rundfunkorganisationen.

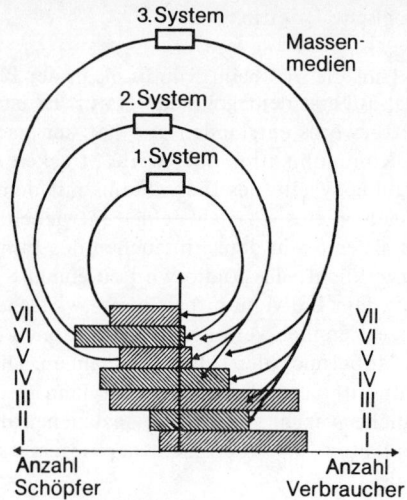

*Abb. 14* Das System der Massenverbreitung auf der Grundlage der Kultur-pyramide. Die Abbildung stellt die kulturelle Pyramide dar, und zwar gibt sie rechts die Verteilung der Verbraucher in 100 Millionen und links die Verteilung der Schöpfer neuer Botschaften oder Ideen in 10000

Der Rundfunk borgt sich hier bei der soziokulturellen Tabelle einige Retentionsfaktoren nach einer Methode, die im Detail nicht vollständig erklärt ist, aber einige einfache Regeln enthält:

1. Das Maß der Verständlichkeit des Gesagten muß stets einem Intelligenzquotienten entsprechen, der etwa 10 Punkte unter dem Durchschnitt der zu erreichenden sozialen Klasse liegt.
2. Dem Gedächtnis und der Ausdauer des Hörers dürfen keinerlei Anstrengungen zugemutet werden.
3. Die Sendung muß so angelegt sein, daß man sich jederzeit in sie einschalten kann und zum Verständnis nicht länger braucht als die Dauer der momentanen Erinnerung (7-8 Sekunden).

Daraus ergibt sich, daß jedes Programm letzten Endes ein Mosaik von einfachen, flimmernden Mikroideen ist, die maximal 6-10 Sekunden dauern und nur sehr lose miteinander verbunden sind, und deren Fernordnung im Vergleich zu ihrer Nahordnung eine *schwache* Form ist. Die Verbindungsarten werden eben die sein, die eine Mosaikkultur bietet: Assoziation, Nachbarschaft, Ähnlichkeit usw. Ein Beispiel: Wenn Thema B dem Thema A benachbart ist; ähnelt das Wort N dem Wort M, so darum, weil zwischen ihnen eine Verbindung besteht. Alle diese Denkweisen entsprechen in ihrer Gesamtheit durchaus einem System des Logos oder der "Infralogik". Die verbleibenden

Fernstrukturen dehnen sich nie über allzu lange Zeitspannen aus, da sie in jedem Fall periodisch wiederholt werden: die wichtigsten *Werbethemen* müssen mit einer Frequenz, die durch die Gesetze der Psychologie des Lernens bestimmt wird, wiederkehren.

Die kulturelle Tätigkeit dieser Sender ist naturgemäß jeglicher schöpferischen Handlung diametral entgegengesetzt. Die Schöpfer machen auch — wenigstens im Prinzip — in ihrem eigenen Bereich praktisch nur sehr wenig Gebrauch von ihnen, obwohl das intellektuelle Schaffen bekanntlich weitgehend ein System der Verwertung geistiger Formen ist, die künstlich von einem Bereich in einen anderen versetzt worden sind. So kommt es vor, daß der einzelne Schöpfer eine Idee, die in seinem Bereich original ist, aus Botschaften eines anderen Bereichs nimmt, was einen der positiven Gesichtspunkte einer Mosaikkultur ausmacht. Solchen schöpferischen Gebrauchsweisen ist der wichtige Faktor gemeinsam, daß das System der Massenmedien seinem beabsichtigten Ziel entfremdet und einem Kunstgriff, das heißt einer originalen schöpferischen Handlung dienstbar gemacht wird. Ihr Ertrag ist letzten Endes sehr gering; denn es sind Sekundärprodukte. Es ist selten, daß Werke der modernen Musik durch die Schlagerprogramme des Rundfunks inspiriert werden und schließlich in das Repertoire der Kunstwerke vordringen; somit sind sie für die Evolution der Musik nicht von wirklicher statistischer Bedeutung.

## 5. Die dogmatische Doktrin

Bei der Untersuchung der Rundfunk- und Fernsehanstalten begegnet uns eine weitere Grundhaltung, die wir die dogmatische Doktrin nennen wollen. Hier ist das Kommunikationssystem in den Händen leitender Komitees, die genaue und kategorische Wertetabellen besitzen, die vom Gedanken an die Unterstützung eines wirtschaftlichen Marktes und das "Anlernen" durch Werbeslogans grundverschieden sind. Der Rundfunk dient hier einer politischen Partei, einer religiösen Doktrin oder einem Staat, der die Welt nach einer bestimmten Ideologie neu ordnen will. Diese Doktrin ist praktisch nur eine Variante der vorhergehenden; denn auch hier ist die Wertetabelle a priori festgelegt, jedoch nicht durch wirtschaftliche Kriterien. Der Rundfunksender hat nicht das einzige Ziel, möglichst lange Zeit von möglichst vielen Menschen gehört zu werden, und seine wichtigste Einkommensquelle ist nicht das Geld, das er dafür

erhält, daß er bestimmte wirtschaftliche Motivationen in die Gehirne der Hörer zu bringen versucht. Im Grenzfall handelt es sich
hier um das System der totalitären Staaten, das der Propaganda.
Auch hier gibt es eine Zusammensetzung der Kräfte nach den verschiedenen Zielen, und wenn auch die Wertetabelle in erster Linie P
pagandaelemente enthält, so enthält sie daneben auch kulturelle
und soziale Elemente, die jede einzelne Grundentscheidung mitbeeinflussen. So sind in den Niederlanden die Rundfunksender unter
die wichtigsten Religionen des Landes verteilt und müssen einer
Anzahl gemeinsamer Gebote gehorchen, durch die das Gemeinsame
wie das Trennende betroffen ist.
Der wirkliche Mechanismus der dogmatischen Doktrinen, soweit sie
überhaupt wirksam werden, beruht direkt auf einer *Verzerrung* der
soziokulturellen Tabelle im Sinne der räumlichen Geometrie. Er ist
abgeleitet von einer Parallele zwischen dem Begriff "Zensur" im
politischen Sinn und dem Begriff "Zensur" im psychoanalytischen
Sinn, d.h. aus der Kombination zwischen der Unterdrückung einer
Anzahl von Elementen in statistischer Weise und der gleichzeitigen
statistischen Förderung einiger anderer. Was in diesem Zusammenhang wichtig erscheint, ist eben der statistische Aspekt dieses Vorgangs, der selbst auf dem kumulativen Mechanismus kleiner Abweichungen beruht, die alle in der gleichen Richtung verlaufen und
nur selten auf vorausschauende, absichtliche Handlungen. "Honesty
is the best policy" – das heißt hier, daß es stets gewinnreicher ist,
Tatsachen ehrlich mitzuteilen als sie absichtlich zu unterdrücken,
da man ansonsten das Bild der Wirklichkeit in allen Einzelheiten
unter Berücksichtigung jener anfänglichen Auslassung neu konstruieren muß. Dies jedoch überzeugend zu tun, erfordert eine Kohärenz,
die die menschlichen Kräfte übersteigt. Kurz gesagt, die dogmatische Doktrin bei Rundfunk und Fernsehen wirkt durch einen fortschreitend selektiven Filter, durch den die zu sendenen Gegebenheiten passieren müssen. Gleich ob diese sich auf Ereignisse oder
kulturelle Fakten beziehen – sie werden sämtlich in den Botschaften vorgelegt, dabei aber die Botschaften in der gewünschten Richtung mit Hilfe verschiedener Akzentuierungen polarisiert, je nachdem ob die betreffende Gegebenheit im Sinne des herrschenden
Dogmas ist oder nicht. Dies kann oft auf sehr subtile Weise geschehen. So wird ein konfessioneller Sender gut informiert, umfassend,
eklektisch usw. sein wollen. Er wird also alles verbreiten, was ihm
vorgelegt wird, aber mit einer *schwachen* Polarisierung. Diese wird

fast die Gesamtheit der ausgesendeten Elemente oder doch einen
hohen Prozentsatz von ihnen erfassen, muß aber so schwach sein,
daß sie unterhalb der Grenze der *semantischen Sensibilität* des
durchschnittlichen Empfängers liegt. Die gesendeten Elemente verteilen sich in der Masse und beeinflussen unmerklich die Schöpfer
von Botschaften, die unter dem ihnen zur Verfügung stehenden
Material Themen auswählen werden, die von einer "objektiven"
Kultur etwas abweichen. Ihre Botschaften werden nun wiederum
mit der gleichen Polarisierung wie vorher statistisch verbreitet werden, und der Vorgang wird somit kumulativ.

Bei einer solchen allgemeinen Verzerrung des soziokulturellen Zyklus durch die Massenkommunikationsmittel spielt die Reaktion
der Masse auf die Schöpfer und der im Sendevorgang Tätigen eine
geringere Rolle als im vorher besprochenen Typ, denn die Reaktion
der Masse wird selbst durch die Organisatoren der Verbreitungssysteme *kontrolliert:* sie dient ihnen als Rückkoppelung, um jenen
wichtigen Faktor zu bestimmen, der in der Grenze der Wahrneh-
mungsfähigkeit des mittleren Empfängers liegt. Die soziokulturelle
Tabelle, die sich aus den Massenkommunikationsmitteln ergibt,
ist also kurz gesagt ein maßstäblich verkleinertes, vollständiges,
aber leicht umgeformtes Bild der jeweiligen Gesamtkultur. Ein
Nachteil dieses Systems, der sich deshalb sehr stark bemerkbar gemacht hat, weil es eine Art Ausnutzung von unter der Wahrnehmungsschwelle liegender Phänomene ist, besteht darin, daß es
vom Sender eine sehr große *Kohärenz* verlangt, gekoppelt mit einer
sehr genauen Vorausschätzung der Reaktionen, was eine hochent-
wickelte innere Organisation bedingt und überdies vor der Öffentlichkeit geheimgehalten werden muß. Das System muß in seiner
Gesamtheit eine echte Kulturpolitik verfolgen, von der es mit Recht
behaupten und darüber hinaus noch beweisen kann, daß sie unparteiisch ist, da ja alle Aspekte des Problems in ihr ausgesprochen
werden.

Das empfangende Publikum wird in diesem Fall nicht notwendig
die größtmögliche Zahl sein, denn da das System über andere Mittel verfügt, kann es sich erlauben, sein Publikum so lange nicht
völlig zu befriedigen, wie es nicht völlig alle Erwartungen enttäuscht.
Es muß besonders daran interessiert sein, in der kulturellen Pyramide mehrere verschiedene Schichten zu erfassen, und zwar gerade
die höheren, aus denen sich hauptsächlich die Schöpfer rekrutieren,
denn es muß dem System besonders daran gelegen sein, daß diese

für die den Botschaften verliehene Färbung empfänglich sind. Diese oberen Schichten der Pyramide gehören zum Mikromilieu und beeinflussen indirekt die übrige kulturelle Gesellschaft in einem Maße, das in keinem Verhältnis zu ihrer Zahl steht. Da das erstrebte Ziel ein breiter Einfluß auf die gesamte Gesellschaft ist, ist es für die im Dienst irgendeines Dogmas stehenden Massenmedien sinnvoll, von der "verstärkenden Zwischenstufe" des Mikromilieus Gebrauch zu machen, da dieses in einem solchen Fall im gleichen Sinne wirkt wie die Kommunikationskanäle. Im übrigen können sich die nach der dogmatischen Doktrin arbeitenden Massenmedien ein gewisses Maß von Gleichgültigkeit des breiten Publikums ihnen gegenüber erlauben, da sie auf weite Sicht arbeiten und ihre Wirkung kumulativ und konvergent ist. Dadurch können sie sicher sein, zu irgendeinem Zeitpunkt auch die ihnen fremden Teile der Öffentlichkeit zu gewinnen.

Wir sehen also, wie sich in diesem Vorgang die Möglichkeit für den Kommunikationsorganismus abzeichnet, sein Programm in Schichten aufzuteilen, von denen jede einer bestimmten Schicht in der Kulturgesellschaft entspricht. Damit ergibt sich die Möglichkeit für mehrere parallel laufende kulturelle Zyklen, denen Isolierungsmechanismen zwischen den einzelnen Schichten der kulturellen Pyramide entsprechen.

## 6. Die eklektische oder kulturalistische Doktrin

Durch Anwendung des Grundprinzips eines Kreislaufs der Kultur über Mikromilieu und Massenmedien kommt man in Reaktion auf die verhergehenden zu einer dritten Kulturdoktrin, die sich legitimerweise als eklektisch oder kulturalistisch bzeichnen läßt. Die Grundlage dieser Doktrin bildet der Begriff des Rahmens der Erkenntnisse, d.h. der menschlichen Kultur im weiten Sinne. Sie geht von der Tabelle der Universalkultur aus, wie wir sie umrissen haben, von der das, was wir das Gedächtnis der Welt genannt haben, nur die materielle Ausprägung ist.

Wenn man annimmt, daß es einer statistischen Analyse möglich ist, von der Gesamtheit der kulturellen Ereignisse und des Trägermaterials des Wissens wenigstens teilweise auf die Struktur dieses Wissens rückzuschließen, so könnte man es sich zum Ziel machen, dem Individuum als Mitglieder der Gesellschaft eine individuelle Kultur

(Einrichtung des Gehirns) zu verleihen, die ein unverzerrtes, maßstäbliches Abbild, das heißt ein im statistischen Sinne "guten" Querschnitt jener allgemeineren menschlichen Kultur bildet, von der die Philosophen zu denken scheinen, daß in ihr der eigentliche Sinn des menschlichen Abenteuers liegt: in der Eroberung der Welt durch die Macht der Ideen. Damit wäre gesagt, daß sich das Individuum in seinem Leben in direktem Kontakt mit dem Universum der Kenntnisse befände, daß es im Prinzip in der starken Verkleinerung des ungeheuren Netzes von Kenntnissen auf die bescheidene, dem menschlichen Gehirn faßliche Proportion keine erhebliche Verzerrung gäbe und daß es Aufgabe eben der Massenmedien wäre, diese Verkleinerung zu bewerkstelligen. Mit anderen Worten, wenn man die unvermeidliche Polarisation, die ein Wesen in der Wahrnehmung der aus seiner Umgebung zu ihm dringenden Botschaften vornimmt, beiseite läßt, wäre die soziokulturelle Tabelle selbst ein verkleinertes Bild der gesamten Kultur der Welt zu einem gegebenen Zeitpunkt. Sie würde dem Ideal einer guten Kommunikation zwischen dem Menschen und seinem sozialen, ästhetischen und materiellen Milieu genügen, in anderen Worten eine Angleichung des Wesens an seine Lebensbedingungen ermöglichen.

Wir begegnen hier wieder in statistischer Form dem oft formulierten Ideal der "objektiven Information", einer Kultur, die zugleich eine dauernde Weiterbildung für Erwachsene ist und es zu jedem Zeitpunkt ermöglicht, über alles zu wissen, was auf der Welt existiert, und zwar genau in dem Maße, wie jede Erkenntnis für die weitere Entwicklung des kulturellen Universums wirklich von Bedeutung ist. Damit identifiziert man *Kultur* und *Wert* und nimmt an, daß es keinen anderen Wert gibt als die Kultur selbst; daß der Sinn des Lebens oder des sozialen Lebens spontan aus der Kultur entspringt, womit das Wesen in der Gesellschaft nichts anderes bedeutet als die Rolle, die es im kollektiven Fortschritt der Menschheit spielen kann. Diese Doktrin ist im Prinzip identisch mit dem Ziel, das man sowohl der Erziehung wie den Massenkommunikationsmitteln während der liberalen und demokratischen Epoche zuwies. In dem Maße, wie die Doktrin versichert, daß die menschliche Kultur sich ihre Wertetabelle selbst bildet und von moralischen Werten unabhängig ist, könnte man sagen, daß sie eine der *permanenten Mythen* der Menschheit ist — eine kulturalistische Ethik. In dieser beziehen die Sätze, die *Kant* über die kategorischen Imperative ausgesprochen hat, ihren Wert nicht aus einer Transzendenz,

die die Kultur ihnen versagt, sondern einfach aus der Tatsache,
daß sie zu einem bestimmten Zeitpunkt der historischen Entwicklung "Schlüsselbegriffe" einer Verhaltenslehre für einen großen Teil
der Menschheit sind, die frequentiellen Analysen zugänglich, aber
gleichzeitig der Veraltung durch ,eine Evolution ausgesetzt ist, die
jedes Individuum transzendiert und deren Grenze die Menschheit
ist.

Man kann diese kulturalistische Doktrin, die ihr Anwendungsfeld
in einer Politik der Massenkommunikationsmittel finden muß,
schematisch darstellen, indem man sich fragt, in welchem Maße
eine Universalenzyklopädie sich eine eigene Wertetabelle bilden
würde und das statistische Verhalten der Wesen, die sie in gedruck-
ter Form läsen, in Funktion der relativen Bedeutung der in ihr enthaltenen Wissenselemente determinieren könnte. Es trifft in der Tat
zu, daß das menschliche Verhalten weitgehend durch die Integrierung der Erfahrung, zusammen mit einem dauernden Zustrom von
Erkenntnissen aus der Umwelt, im Gedächtnis bestimmt wird. Eine
kulturalistische Ethik im beschriebenen Sinne würde sich also von
einer Transzendentalethik hauptsächlich nur durch die Einführung
objektivierbarer, quantitativer Faktoren unterscheiden, die sich
aus dem Fortschritt der Gesamtheit der Erkenntnisse in jedem Augenblick ergeben.Eine solche Doktrin setzt eine Anzahl von Postulaten voraus. Zunächst nimmt sie an, daß es tatsächlich möglich
ist, das Netz der Universalkultur durch den Ablagerungsprozeß,
der sich im Gedächtnis der Welt zeigt, zu erkennen. Alsdann bedingt sie aber auch, daß jede Gegebenheit, jedes Kulturatom für
ein menschliches Wesen ausschließlich in Funktion seiner inhären-
ten Wichtigkeit, aber nicht in Funktion seiner Verständlichkeit
assimilierbar ist, daß in anderen Worten die Massenkommunikationsmittel, hier identisch mit den Organen einer ständigen Erziehung,
*jedem alles verständlich machen können,* vorausgesetzt daß dies
"alles" bzw. jeder seiner einzelnen Bestandteile hinreichend wichtig
ist. Diese Postulate werden praktisch niemals erfüllt, ebensowenig
wie das einer Absorption der Botschaften in der soziokulturellen
Tabelle durch ein Individuum ohne merkliche Verzerrung. Immerhin läßt sich die Möglichkeit voraussehen, die Zugänglichkeit von
Botschaften nach Belieben zu regeln. Dies wird Aufgabe der "Kommunikationsingenieure" sein; denn ihnen wird es zufallen, die Theorie des Neutrons und die marxistische Dialektik ebenso einfach
und zugänglich zu gestalten wie die Herzensangelegenheiten inter-

nationaler Berühmtheiten. Man kann annehmen, daß es sich hier mehr
um eine Frage der Mittel, das heißt des Willens handelt als um eine
Frage der Möglichkeit. In jedem Falle ist es vorstellbar, eine solche Doktrin den Massenkommunikationsmitteln als Elementen des
Wahrnehmungsfeldes zur Politik ihres Handelns dienen kann.
Worauf würde nun eine solche Doktrin letzten Endes praktisch
hinauslaufen? Grundsätzlich darauf, daß die soziokulturelle Tabelle einen "guten Querschnitt" des Zuwachses in der Tabelle der
Kenntnisse darstellte, daß, wenn man so will, die Häufigkeit der
wichtigsten Themenbereiche in der ersteren  den Zuwachs der Erkenntnisse in der letzteren spiegelte und der Beobachter der soziokulturellen Tabelle aus ihr auf den Zuwachs an Erkenntnissen rich-
tige Schlüsse ziehen könnte. Dies würde praktisch u.a. zur Folge
haben, daß sich die Rolle, die die *Ereignisse* im Verhältnis zu den
*kulturellen Tatsachen* in der soziokulturellen Tabelle spielen, ver-
ringern würde. Die soziokulturelle Tabelle ist also zur Bestimmung
der Handlungen des Kommunikationssystems das Hauptelement.
Sie weist den Inhalt der Programme auf und ermöglicht, allgemeine
Linien und Tendenzen darin zu unterscheiden sowie diese nach einer Kultur zu organisieren, welche die Programmpolitik bildet. Soweit es irgend möglich ist, sucht die eklektische Doktrin den Inhalt dieser Tabelle dem Inhalt der Kultur selbst zu einem gegebenen Zeitpunkt anzugleichen, d.h. darauf zu achten, daß jedes Element der sozialen Masse durch den Sender in einer Menge vorgelegt
wird, die seiner relativen Häufigkeit oder seinem "Gewicht" in der
Gesamtkultur zu diesem Zeitpunkt proportional ist. Diese Frequenz
kann ermittelt werden, indem man von den Repertoires der Kultur
ausgeht, die wir "Gedächtnis der Welt" oder "Universalenzyklopädie" genannt haben und Produkt der Logosphäre, das heißt der
Tätigkeit "der Gesellschaft" als Produzentin von Zeichen sind.
Die eklektische oder kulturalistische Doktrin besteht also darin,
die Gesamtheit der Programme zu einem Spiegelbild der Kultur zu
machen, in dem die Ereignisse eine relativ zweitrangige Rolle spielen. Das wichtigste Hilfsmittel hierzu ist die soziokulturelle Tabelle
selbst; sie dient den Kommunikationstechnikern als Wegweiser.
Dies führt zu der Idee der Errichtung eines soziokulturellen Aus-
kunftsdienstes, dessen Aufgabe es wäre, eine allgemeine Inhaltsanalyse der Produktion aus statistischer Sicht durchzuführen und außerdem das zu umschreiben, was wir die "Universalkultur" genannt haben, was sich aber praktisch auf eine weit bescheidener klingende

Untersuchung der Hauptachsen des Denkens in der Gesellschaft zurückführen läßt. Wir wollen hier gleich bemerken, daß das von uns beschriebene System schon existiert, wenn auch in sehr fragmentarischer und diffuser Form. Der größte Teil der Massenkommunikationsmittel hat bestimmte kulturelle Prätentionen; denn sie geben vor, ein Spiegelbild der gesamten geistigen Tätigkeit zu sein. Aber es handelt sich da eher um Augenblicksregungen als um eine zusammenhängende Politik, und der Begriff der Inhaltsanalyse ist den meisten Produzenten und Programmdirektoren unbekannt. Außerdem weichen die für die Massenkommunikationsmittel Verantwortlichen systematisch von dieser Kulturpolitik ab; denn sie geben sie als Leitfaden u.a. zugunsten der *Zugänglichkeit* der Botschaften auf. Überdies hängt die Wahl, die sie im Verhältnis zur allgemeinen Tabelle der Kultur für ihre Produktionen treffen, fast ausschließlich von drei Faktoren ab, nämlich a) von ihrem eigenen Spezialgebiet, b) davon, daß das Thema möglichst leicht zu behandeln sein soll und c) von der Forderung, daß der Gegenstand möglichst leicht verständlich ist. Dadurch werden die meisten wissenschaftlichen und technischen Probleme, die praktisch heute die Welt beherrschen, von vornherein durch die Auswahl ausgeschaltet, und hierin liegt vielleicht einer der wichtigsten Gründe, weshalb die Massenmedien ihrer "Sendung", nämlich informativ zu sein, untreu sind, selbst wenn sie, wenigstens theoretisch, vorgeben, jener eklektischen Doktrin zu folgen, durch welche die der Werbung und des Dogmas kompensiert werden müssen. Das auf neueren Arbeiten aus dem Gebiet der Informationstheorie beruhende Axiom, nach dem *jede* Erkenntnis jedem beliebigen Mitglied der Gesellschaft zugänglich gemacht werden kann, bleibt in der heutigen Welt, wenigstens im Westen, eine reine petitio principii, da sich in der intellektuellen Gesellschaft nicht genügend Individuen finden wollen, die dieses Axiom in die geläufige Praxis umsetzen könnten. Die Suche nach "Kommunikationstechnikern" und -techniken für die Kultur hat noch nie auch nur Anlaß zum Beginn einer Systematisierung gegeben.

Es ist das Ziel der eklektischen Doktrin, durch die Produktion der Massenkommunikationsmittel ein beständiges *Spiegelbild* einer Gesamtkultur zu erstreben, wodurch auf diffuse und fast unbewußte Weise die Grundlage für die Motivationen aller Rundfunk-, Fernseh- und Pressesysteme, die die demagogische Doktrin zurückweisen, gebildet wird. Zu ihrer Verwirklichung sind in erster Linie die folgenden

Hilfsmittel notwendig:

Ermittlungen der soziokulturellen Tabelle,
Verdeutlichung der bestimmenden Linien der Grundkultur, von
der die Doktrin ausgeht,
Methoden, die es ermöglichen, jede Gegebenheit von Wichtigkeit
jeder sozialen Schicht durch geeignete Mittel zugänglich zu machen,
Individuen, die den Wunsch und die Fähigkeit haben, sich solcher
Methoden zu bedienen.

Alle diese Hilfsmittel existieren bisher erst in Form von mehr oder
weniger rudimentären Fragmenten, Entwürfen oder gar theoretischen Postulaten, deren Realisierbarkeit zur Zeit durch einige Experimente bewiesen worden ist.


## 7. Die soziodynamische Doktrin

Die drei von uns aufgezeigten Doktrinen gehören zu dem, was man
passenderweise eine *Sozio-Statik* der Kultur nennen könnte. Jeder
dieser Doktrinen ist eigen:

a) ein kultureller Zustand,
b) eine Wertetabelle oder ein Grundprinzip,
c) das Bemühen, aus a) und b) Grundsätze für ein Handeln zu gewinnen, das diesen Werten entspricht.

Da die Kultur ein kumulativer Prozeß ist, wird sich dennoch allein
aus der Tatsache der Existenz solcher Kreisläufe, in denen Doktrinen
wirksam werden können, ein gewisser dynamischer Effekt in der
Evolution der Gesellschaft ergeben, d.h. eine Entwicklung in einer
bestimmten Richtung in Funktion der Zeit. Die Schöpfer sind ins
Feld der Verbreitungsmittel eingetaucht und reagieren bewußt oder
unbewußt auf sie, während sie andere Werke schaffen, die selbst
auf verschiedenen Wegen Teil des Gesamtfeldes werden und ihrerseits andere Schöpfer beeinflussen usw. Es gibt also auch Doktrinen
statischen Charakters, in denen die Wertetabellen durch die Zeit
konstant bleiben, im Ergebnis ein dynamischer Prozeß, eine kumulative Evolution. Es läßt sich aber sehen, wie sich auf der Grundlage der zuletzt beschriebenen Doktrin, die sich in der Idee der
Spiegelung einer Grundkultur zusammenfassen läßt, eine weitere
Haltung abzeichnet, die weniger passiv ist und in der die Wertetabelle selbst in Frage gestellt wird.

In anderen Worten, es wird eine *Soziodynamik* vorstellbar, die in
einer Einwirkung nicht auf die Evolution der Kulturgesellschaft,
sondern auf die Kultur *selbst* besteht. Die Kultur ändert sich jeden
Augenblick und wechselt mit jeder Epoche den Inhalt. Eine solche
Dynamik könnte also nicht auf dem Inhalt (der Gottesidee, der
Vaterlandsidee, der Idee des Eisschranks) aufbauen, sondern muß
sich auf die Evolution selbst beziehen. Dies entspricht den beiden
Grundhaltungen, die ein Wesen gegenüber einer Revolution einneh-
men kann: Es kann wünschen, daß sie sich *beschleunigt* oder daß
sie sich *verlangsamt.* Der Kulturkreislauf: Schöpfer — Verbreiter —
Verbraucher und zurück, gibt den Menschen die Gelegenheit, auf
die Evolution Einfluß zu nehmen, und zwar nach einer der beiden
Haltungen, jedoch ohne die Richtung der Entwicklung im minde-
sten verändern zu können. Die beiden Haltungen bilden die beiden
Grundeinstellungen einer "Politik" im etymologischen Sinn des
Wortes: die *progressive* Einstellung, die die Evolution zu beschleunigen sucht, und die *konservative,* die sich bemüht, sie zu verlangsamen.
Zahlreiche sozialpsychologische Arbeiten haben gezeigt, daß dieser
dialektische Gegensatz einen der wichtigsten Faktoren in der Er-
klärung möglicher menschlicher Haltungen bildet. Er erfaßt einen
bedeutenden Teil der Varianz (im Sinne der Theorie der Faktoren-
analyse) von Haltungen, sei es auf dem Niveau des Individuums
(Reaktion des Einzelnen auf die ihn umgebende materielle Welt),
sei es auf dem der politischen Ansichten, der Wahl der Konfession
usw. Nun liegt in der Existenz von Kreuzungspunkten in den Kulturzyklen, die auf dem Weg der Botschaften durch diese Zyklen
kritische Punkte bilden, die Möglichkeit für eine sehr begrenzte Anzahl von Menschen, eben die Schöpfer und Leiter der Massenmedien, aufgrund ihrer strategischen Position im Kulturzyklus auf diesen bestimmend einzuwirken. Hierin liegt der praktisch-methodische
Nutzen einer Analyse der Kultur, will sagen der Sinn unserer Bemerkungen geht dahin, daß diejenigen, die z.B. einem Programm-
beirat, der Redaktionskommission einer großen Zeitung oder der
Lektorenkommission eines Verlagshauses angehören, oft keine sehr
klare Vorstellung davon haben, wie sie die Macht, die ihnen damit
gegeben ist, gebrauchen könnten. Vor der Verwechslung von Mitteln
und Enden, vor der Komplexität des kulturellen Marktes, und in
dem Maße, wie sie nicht ausschließlich darauf aus sind, Geld zu
verdienen, sind sie *auf der Suche nach einer Doktrin* für ihre mög-

lichen Handlungen, von denen sie zwar wissen, daß sie wichtig
sind, deren Bedeutung ihnen aber nicht immer im einzelnen klar
ist. Die Lenker einer Rundfunk- oder Fernsehanstalt sind ein typisches Beispiel dafür, daß man sich außerhalb jeder dogmatischen
Wertetabelle fragen kann, *worin* sie auf die zukünftige Entwicklung Einfluß nehmen können. Hier findet man, daß ihnen eine
einzige Wahl offensteht, nämlich die, diese Entwicklung zu verzö-
gern oder zu beschleunigen, ohne jedoch ihre Richtung ändern zu
können.

## 8. Die Folgen einer soziodynamischen Kulturtheorie

Im Verlauf dieses Kapitels haben wir unsere Aufmerksamkeit auf
einen sehr spezifischen Kanal unter den Massenmedien gerichtet,
auf Rundfunk und Fernsehen. Dieser Kanal hat den Vorteil der
Modernität, was ihm erlaubt hat, sich unbelastet von Tradition
und Erbe, einzig unter dem Einfluß innerer Notwendigkeiten aufzubauen, ohne eine Masse veralteter Institutionen mitverwerten zu
müssen. Der Kanal von Rundfunk und Fernsehen ist jedoch nur ein
Beispiel unter anderen, und jede in diesem Kapitel formulierte
Doktrin findet ihre Parallele in anderen Kanälen. So läßt sich eine
soziodynamische Kulturtheorie auch anhand der Reproduktion in
der Malerei, des Films usw. entwickeln. Jeder dieser Kanäle bedürfte
im Prinzip einer gründlichen Untersuchung, deren Hauptziel darin
läge, die tatsächlich wirkenden Faktoren auszumachen, die zwar
aller Welt sichtbar sind, aber für die die Spezialisten keine formulierte Konzeption haben.
Das Maß für die Zugänglichkeit eines Bildes z.B., ist freilich zur
Zeit nicht deutlich umschrieben, zumal die bildliche informatio-
nelle Ästhetik nichts anderes ist als eine Rubrik in den Abhandlungen auf dem Gebiet der experimentellen Ästhetik. Der Verkauf
des "Angelus" von *Millet* in Millionen von Exemplaren ist zwar ein
bedeutendes soziales Phänomen, vermischt sich aber mit Phänomenen, die außerhalb des kulturellen Bereichs liegen und seine Verständlichkeit ändern. Darüber hinaus ist nicht einmal sicher, ob
man die soziodynamische Theorie in ihrem Hauptteil auf Werke
der Vergangenheit anwenden kann, da diese in einer Gesellschaft,
die auf der Armut und nicht auf dem Überfluß basierte, Objekt
einer Verwechslung der Werte wurden, in der das historische Phä-

nomen eine wichtige Rolle hat spielen können. Die Theorien über
kulturelle Zyklen können nur im Falle einer gewissen Beständigkeit Gültigkeit haben, d.h. durch das Vorhandensein einer Anzahl
spezifisch moderner Elemente, von denen der Vervielfältigungspro-
zeß wohl das wichtigste ist: heute ist jedes Werk der Kultur allge-
genwärtig und kann überall und jederzeit existieren, wenn hinlängliches Verlangen und hinlänglich Zeit vorliegen, zu ihm Zugang zu
erhalten — diese bilden letzten Endes seine fundamentalen Maßeinheiten.

Wichtig bleibt in der soziodynamischen Kulturtheorie die *Reaktion*
zwischen Milieu und Schöpfer, die den Prozeß kumulativ macht.
Unabhängig von seinen Eigenschaften, ist das Individuum stets auf
irgendeine Weise in Kontakt mit der sozialen Kultur des Milieus,
in dem es lebt. Und diese kulturelle Umgebung besitzt in ihrer
Grundlage Faktoren, die das Möglichkeitsfeld des Individuums er-
weitern oder einengen. Was es schafft, ist Funktion dessen, was
schon geschaffen ist, und Rundfunk und Fernsehen sind eines der
bedeutendsten Beispiele für die Verstärkung jener Verbindung zwischen Schöpfern und Gesellschaft. Rundfunk und Fernsehen sind
vor allem sehr *bedeutende* Elemente der modernen Kultur. Sie sind
vor allen anderen das Element, auf das eine überlegte und formulierte Kulturpolitik am ehesten Einfluß nehmen kann. Sie unterliegen jetzt schon einer sehr erheblichen sozialen Kontrolle, und diese Kontrolle von der Inkohärenz zur Kohärenz zu bringen, ist nicht
allzu schwierig. Wenn dies bisher nur durch demagogische und
dogmatische Doktrinen durchgeführt worden ist, so deshalb, weil
die zyklische Rückwirkung der Kultur auf sich selbst in einem kumulativen Prozeß bisher von der Exekutive der Massenmedien nicht
deutlich erkannt worden ist. Wir leben in einer in steigendem Maße
integrierten Welt, in der die langfristigen Konsequenzen jeder momentanen Handlung immer voraussehbarer werden. Man muß daher
von unseren zukünftigen Gedächtnismaschinen eine Ergänzung verlangen, nämlich das Bewußtsein dessen, was in Zukunft das Schicksal des abendländischen Menschen bilden wird: der Konstruktion
des künstlichen Milieus, das man Kultur nennt.

*V. Kapitel*

# Kulturdynamik und intellektuelle Gesellschaft

Le développement même
des sciences tend à
diminuer la notion
de savoir
P. Valéry

## 1. Auf dem Weg zu einer Kulturethik

Der Begriff der Kultur ist praktisch neueren Datums. Er hat sich
im Verlauf des vorigen Jahrhunderts entwickelt, hat aber erst von
dem Tage an wirkliche Bedeutung gewonnen, an dem die Massenkommunikationsmittel ihn zu einem der Wesenszüge der Gesellschaft und zugleich zu einem ihrer Angelpunkte gemacht haben.
Im Zeitalter *Haydns, Newtons* und der Enzyklopädisten sprach
man kaum über Kultur, und erst die Historiker der Moderne haben den Begriff der Kultur in vergangene Jahrhunderte zurückprojiziert. Die Idee der Kultur zum Unterschied von der Zivilisation
oder der materiellen Umgebung des menschlichen Wesens gilt vor
allem von dem Zeitpunkt an, wo eine bedeutende Masse von Individuen existiert, deren Vorhandensein genügt, um ein System von
Produzent und Verbraucher, also eine einseitige oder wenigstens
asymmetrische Kommunikation entstehen zu lassen. Das heißt,
eine individuelle Kultur (= Einrichtung des Gehirns der Individuen)
existiert ebenso wie die Kultur der Gesellschaft, die in den Bibliotheken aufgespeichert liegt, erst von dem Zeitpunkt an, wo in dieser Gesellschaft die Summe der empfangenen Botschaften wesentlich größer ist als die der ausgesendeten, was auf eine soziale Verstärkung zurückzuführen ist, die auf den Prozeß der Kopie und
vervielfältigten Verbreitung zurückgeht.
Nun ist das Denken des Menschen u.a. das Produkt seines Wortes,
die Idee existiert erst nach dem Wort, das sie ausdrückt, und das
Wort wird von der Gesellschaft wie ein mehr oder weniger leeres
Gefäß geliefert, das zu füllen Aufgabe des Individuums ist. Von
dem Augenblick an, wo dieses unendlich viel mehr empfängt als es
aussendet, kann man sich fragen, ob durch diesen Umstand die

Übung im Verbinden der Worte untereinander nicht durch diesen
Umstand vermindert und folglich das Betätigungsfeld des Denkens
eingeengt wird, selbst wenn das Wesen mehr "Kenntnisse" erwirbt.
Anders gesagt, man kann sich fragen, ob nicht zwischen den bei-
den Grundbegriffen, die wir als Maße für die Kultur verwandt haben (Menge der Semanteme und Möglichkeit von Verbindungen
zwischen ihnen), eine negative Korrelation besteht, in der sich eine
Art statistischem *Prinzip der Ungewißheit des Wissens* ausdrückt.
Eines der ethischen Grundprobleme, die eine Massenkultur stellt,
ist das des Einflusses eines *mühelosen Erwerbs von Wissen* auf die
Schaffung neuer Elemente. Man könnte zunächst denken, daß die
Verbreitung einer größeren Anzahl von Kulturemen zur Folge haben müßte, daß bei den Individuen eine größere Zahl von Assoziationen unter ihnen entstünde, d.h. einer größeren Zahl neuer Ideen.
Wir haben aber gesehen, daß dies nicht notwendigerweise geschehen muß. Im Gegenteil: in der Theorie der Kulturzyklen zeigt sich,
daß der Prozeß völlig durch die Tatsache beherrscht wird, daß im
sozialen Milieu eine Anzahl von schöpferisch tätigen Individuen
existiert, die das Milieu polarisieren und die Herstellung neuer
Ideen fast völlig allein bestreiten. Mit anderen Worten, es ergibt
sich neben der Spezialisierung nach Wissens*gebieten* eine immer
größere Differenzierung in der intellektuellen *Tätigkeit,* was bedeutet: Es bildet sich eine Gruppe von Individuen (deren absolute Größe zwar ständig wächst, aber im Verhältnis zur Gesamtgesellschaft
ständig kleiner wird), die auf die Herstellung neuer Ideen spezialisiert ist. Damit formiert sich praktisch eine *neue intellektuelle Gesellschaft.*
Rundfunk und Fernsehen sind zusammen einer der wichtigsten
Massenkommunikationskanäle der heutigen Zeit, da sie die Presse
durch ihre schnellere Berichterstattung, das Kino durch die Bequemlichkeit des Zugangs und das Buch durch die Leichtigkeit der Wahrnehmung abzulösen im Begriff sind. Sie bilden eins der Hauptbei-
spiele für einen dynamischen Mechanismus der Kultur. Dieser Mechanismus gibt eine Reihe von ethischen und philosophischen Problemen auf, die zu lösen nicht Aufgabe der vorliegenden Studie
sein kann, die zu stellen aber von Nutzen sein dürfte.

## 2. Eine dynamische Definition der Kultur als Maschine zur Herstellung von Wünschen

Die Kultur erscheint nicht mehr nur als ein künstliches Milieu oder eine intellektuelle Umwelt, auch nicht als das komplexe Produkt einer großen Anzahl von Kulturemen und ihrer Assoziationen (statische Definition), sondern vor allem als eine *wirksame Kraft im sozialen Feld.* Mehr noch als der Bezug, den das Individuum gebraucht, um seine Wahrnehmungen zu lokalisieren, ist sie das wichtigste und kumulative Produkt seiner Tätigkeit, die beständige Spur der Evolutionsfaktoren, zugleich aber auch eine *Möglichkeit der Einwirkung* auf die Gesellschaft mit Hilfe des kulturellen Zyklus. Die erste Vorbedingung für ein Einwirken auf den kulturellen Zyklus, und damit für jede Einwirkung auf die Gesellschaft insgesamt, ist eine gründliche Kenntnis seiner Mechanismen. So ergibt sich aus allen hier vorgelegten Analysen, daß der Vorrang in der Evolution der Gesellschaft schon nicht mehr den Naturwissenschaften als Quellen der technischen Methoden des Ingenieurs gehört, sondern den *Sozialwissenschaften,* die im Begriff sind, in die Sphäre der Technologie vorzudringen. Man kann sagen, daß wenn aus quantitativer Sicht die Mehrheit der Menschen mit der Anwendung dessen beschäftigt sein wird, was die Intellektuellen auf dem Gebiet der Naturwissenschaft zur Veränderung der Gegebenheiten des Milieus haben finden können, die wichtigste Quelle des Neuen die Gesamtheit der Wissenschaften vom Menschen sein wird, deren Verbindung zu den Naturwissenschaften durch die Kybernetik und die Informationstheorie gegeben ist. Jeder Wissenschaft entspricht eine Technologie und es scheint, als müsse in der Entwicklung einer Technologie der Sozialwissenschaften der neue Faktor in der Entwicklung der Menschheit liegen.

Die naturwissenschaftliche Technologie hat mit ihrem reinen Produkt, wie es der "Ingenieur" der 1950er Jahre veranschaulicht, eine Gesellschaft erreicht, die durch einen Überfluß an materiellen Gütern charakterisiert ist und in der für die Herstellung von Verbrauchsgütern in fast unbegrenzter Menge fast immer eine Lösung besteht. Einige ganz spezifische Aspekte dieses Prozesses stehen deutlich vor uns. Die Tatsache allein, daß es möglich erscheint, eine unbegrenzte Menge von Objekten zu fabrizieren, genügt schon, um eine Verlagerung der Kreativität in der intellektuellen Mikrogesellschaft zunächst auf die Probleme der Verteilung, sodann aber besonders auf

die der Umschreibung von Wünschen zu bewirken. Der Wunsch
("das, was man will") ersetzt den Besitz ("das, was man hat") und
die Beantwortung der Frage "Was will man haben?" fällt den Sozialwissenschaften zu. Die Möglichkeit der Schaffung und Entwicklung neuer Wünsche und damit eines echten Einflusses auf die Zukunft der Gesellschaft liegt bei den Künstlern und Psychologen.
Von dem Zeitpunkt an, wo jedem der dynamischen Mythen, die
die schöpferische Einbildungskraft der Wissenschaftler und Ingenieure beherrscht haben, eine Erfindung, eine Technik oder ein Ver-
sprechen entspricht, erscheint der soziokulturelle Zyklus für die
Zukunft als der wichtigste Bestandteil einer *Maschine zur Herstellung von Wünschen.*

### 3. Mosaikkultur und abendländisches Denken

Die Geschichte der Ideen gehört nicht zu unserem Thema, aber es
ist angebracht, die wichtigsten Vorstellungen, die wir in bezug auf
die Mosaikkultur gewonnen haben, in die Entwicklung des abendländischen Denkens einzuordnen. In der Tat ist es hauptsächlich
das Abendland, dem die Entstehung der Mosaikkultur zuzuschrei-
ben ist; denn sie ist das Resultat einer imperialistischen Zivilisation
mit einem Hang zum Überfluß und der Technologie der Massenmedien. Die Idee des abendländischen Denkens selbst verbindet
sich mit der Idee der Kultur. Über ihre Entstehung und Entwicklung gibt es allerdings recht widersprüchliche Thesen, unter denen
wir vier Arten unterscheiden wollen.
Die erste ist die der *kontinuierlichen Entwicklung.* Nach ihr ist die
abendländische Kultur das Ergebnis einer Anhäufung aufeinander-
folgender Elemente, die einander, aus den verschiedenartigsten
Quellen stammend, im Laufe der Jahrhunderte kontinuierlich folgen und deren Menge exponentiell anwächst. Dies ist der Mechanismus, wie er sich in einem soziokulturellen Zyklus zeigt, in dem
alle mitwirkenden Faktoren selbst kontinuierlich sind.
Eine zweite Auffassung will hingegen in der Entwicklung der abendländischen Kultur eine Folge *plötzlicher Sprünge* sehen, ein treppen-
förmiges Anwachsen, in dem sich privilegierte Epochen der Neuer-
werbung mit Stufen abwechseln, auf denen das vorher Erworbene
verarbeitet und gleichmäßig in der Gesellschaft verbreitet wird. Das
griechische Denken mit seiner Apologie der Vernunft, das schola-

stische Denken, die Explosion der Renaissance, die einander folgenden, durch die künstliche Energie bedingten industriellen Revolutionen, die zur Auswechselbarkeit der Einzelteile eines Ganzen
führende Präzision und schließlich die Epoche der Automation wären zu den großen Momenten in der Entwicklung jenes abendländischen Denkens zu zählen, in deren Unterscheidung sich die Mehrzahl der Historiker einig sind.

Eine dritte Auffassung ist die des *dialektischen Widerspruchs* von
Teilkulturen. Sie betont die Bedeutung einer Tendenz *gegen* die
bestehenden Verhältnisse in der schöpferischen Tätigkeit und sieht
in der Entwicklung des abendländischen Denkens eine Folge dia-
lektischer Kämpfe und Revolutionen des Nachfolgenden gegen das
Vorher-Bestehende. Statt der Sprünge findet man hier Pendelschwin-
gungen, die sich quantitativ in einer Parallelität der Phasen abzeich-
nen. So wäre das scholastische Denken der Versuch einer Reaktion
gegen den Atheismus der griechischen Philosophie, die Renaissance
eine Offensive gegen Scholastik und Dogmatik, die moderne Logi-
stik eine Bemühung um eine bessere logische Klarheit eines allzu
empirischen Denkens, usw.

Eine letzte These ist schließlich die *strukturelle,* die in der Entwicklung des abendländischen Denkens eine Kristallisierung und ein
Bewußtwerden der Idee des Abendlandes selbst sieht, das sich in
der Einordnung disparater, einander folgender Neugewinne in eine
ungefähr kohärente Struktur vollzieht. So vereinigen sich griechischer Rationalismus, arabischer Pragmatismus, die Experimente
des *Galilei,* die Befreiung von den alten religiösen Formen des
Aberglaubens, die Universalisierung der Kenntnisse durch den Buch-
druck in einer integrierenden Fusion, die gegen Ende der Renaissance
stattfand, das heißt zu dem Zeitpunkt, als sich das Abendland als
eine geschlossene Welt ansieht, die einer Anzahl von geographischen
und demographischen Orten gemeinsam ist. Die *enzyklopädische*
Idee und die der Kultur selbst wären Erzeugnisse eines solchen Be-
wußtwerdens des Abendlandes gegenüber dem Orient und der Neuen
Welt, eines Abendlandes, das seinen eigenen Weg zur Eroberung
des Mondes und der Befreiung aus der Vormundschaft der alten
Mythen geht, indem es sie verwirklicht.

Sicherlich fördert die Anhäufung zufälliger Ereignisse im Werdegang der Gesellschaft eine Mosaikkultur, die auf eben jener Zufälligkeit beruht. Man kann diese Tatsache von einem moralisierenden
Standpunkt aus bedauern, jedoch müssen wir uns an den Gedanken

gewöhnen, daß wir in einer Mosaikkultur leben, die unser Verhalten bestimmt, und daß das stark strukturierte Denken auf der Basis einer Universallogik nur mehr ein Ideal ist, dem wir nachseufzen. Jedenfalls ist es das Schicksal unserer Epoche, sich ihrer zunächst in allen Einzelheiten bewußt zu werden, um dann gegebenenfalls Gegenmittel zu finden. Man muß sich daher mit der Vorstellung einer Mosaikkultur vertraut machen: Sie ist ein *Ganzes,* das aus einer Anhäufung von Fragmenten besteht, und man muß zugeben, daß sie eine *Kultur* im vollen Sinne des Wortes ist und versuchen, ihre Eigenschaften festzustellen. In dieser neuen Welt erinnerbarer Wahrnehmungen und auf diesem neuen Bezugsschirm wird die formale Logik durch weniger präzise Systeme, die isolierbaren Tatsachen durch "ungenaue Phänomene" abgelöst, die nicht den strengen Sätzen vom ausgeschlossenen Dritten oder von der zwingenden Notwendigkeit gehorchen. Ideenverbindungen unterliegen Gesetzen, die durch ihre Unbestimmbarkeit nichts an Bedeutung verlieren, und so läßt sich das Wiederauftauchen eines gewissen Assoziationismus als dominanter Ausdruck der Phänomene des Denkens beobachten.

## 4. Alltäglichkeit der Kultur und intellektuelle Schöpfung

Die Auffassung des enzyklopädischen Denkens als eines kumulativen Prozesses, die Idee der Universalbibliothek, das Prinzip der Ungewißheit oder die Verteilung der Verantwortung unter den Spezialisten sind nur einzelne Aspekte der sich vollziehenden kulturellen Revolution. Die enzyklopädische Idee ist wahrscheinlich eine der Grundlagen des abendländischen Denkens. Sie geht von einer Materialisierung der Kultur aus, stellt dem Schriftlichen, Materiellen, Soliden, Beständigen die Flüchtigkeit des Mündlichen, Tradtionellen, Spontanen entgegen, von dem wir wissen, daß es eine ewige Variation über vorgegebene Themen war, die darum eine bemerkenswerte Beständigkeit behalten konnten, weil sie latente Faktoren der intellektuellen Struktur des Menschen widerspiegelten. Die Unbeweglichkeit der chinesischen Kultur über Tausende von Jahren hinweg kontrastiert diesbezüglich mit den konstruktiven Revolutionen im Abendland und ist der Gegensatz zum Begriff der *Anhäufung,* der im Europa des 20. Jahrhunderts mit dem der Kultur fast gleichbedeutend ist. Aber diese Anhäufung trägt in sich die beständige

Gefahr, die Menschen unter der Masse ihrer eigenen Produkte zu ersticken. Die Sterilität von 95% des Inhalts der Bibliotheken und Museen, die die Originalität des Abendlandes ausmachen, ist schon erwiesen: es besteht schon ein entmutigter Verzicht des Menschen vor seinem Überfluß an Reichtum, des Schöpfers vor seinem Material. Die Suche nach einer Lösung dieses Problems läßt sich fast als eine der bedeutungsvollsten Tragödien der abendländischen Kultur bezeichnen.

Die Mosaikkultur, die eines der Hauptthemen des vorliegenden Werkes ist, ist das zusammengesetzte Produkt aus einer Vielfalt von Kenntnissen jeglicher Art und der Existenz technologischer Massenkommunikationsmittel, die gezwungen sind, sich in ihrem Vorgehen vom Zufall leiten zu lassen – nicht dem "reinen Zufall" der Mathematiker, der zu einem "guten" Querschnitt führen würde, sondern einem Zufall, der zugleich sehr starken und bewußt verhehlten Polarisationen unterworfen ist, die stets abgeleugnet werden und doch in allen Phasen des kulturellen Prozesses gegenwärtig sind. Mit anderen Worten, das Bild der Kultur, das sich aus den auf dem Tisch im Wartesaal des Zahnarztes angesammelten Publikationen ergibt, ist letzten Endes ein echteres Bild der Kultur als das Musée de l'Art Moderne in Paris oder die Gesammelten Schriften dieses oder jenes Philosophen.

Die grundsätzlichen Verschiedenheiten in der Kombination der Attribute des Wortes "Kultur" bei Individuen, die davon sprechen, ebenso wie ganz allgemein die Frage, was die Kultur einer Gesellschaft in ihrer Gesamtheit eigentlich ist, sind Dinge, die uns weitgehend unklar sind und die zu präzisieren sich lohnt. Um es kurz zu fassen, macht man sich allgemein die falschest möglichen Vorstellungen von der Kultur. Man denkt undeutlich daran, daß "Kultur" höhere Kultur ist, von der einige Brocken der Masse zum Fraß vorgeworfen werden, daß "Kultur" andererseits Ideen, Worte oder Meisterwerke bedeutet, auch Erfindungen oder Bücher, während das Wort doch eigentlich "semantische oder ästhetische Tatsache" des täglichen Lebens bedeutet und ein Ausdruck wie "Betteln und Hausieren verboten" für die Kultur die gleiche Bedeutung hat wie die Gedichte *Walthers von der Vogelweide*. Es gibt einen weiteren, diesem Gedanken entsprechenden Irrtum, der allen Kulturtheorien gemeinsam ist, und das ist die Unterschätzung der Bedeutung von Umgebung und Milieu in der geistig schöpferischen Tätigkeit. Dieser Irrtum läßt sich darauf zurückführen, daß die meisten Episte-

mologen annehmen, die Vorgänge bei Erfindung und Entdeckung
seien so, wie die Erfinder und Entdecker selbst angeben, daß sie
seien, womit sie diesen Darstellungen unberechtigt viel Glauben
schenken. Hierin liegt ein Mangel an Objektivität seitens der Spezialisten der Heuristik, der sie dazu führt, eine Anzahl wichtiger
Faktoren, die der unmittelbaren Umgebung angehören, zu unter-
schätzen.

Alle Elemente der Kultur *gehören zusammen,* und es wäre unklug,
sie, so wie unsere intellektuelle Faulheit es uns eingibt, voneinander
willkürlich zu trennen. Eines der Probleme, die die vorliegende Untersuchung stellt, liegt darin, herauszufinden, welche Rolle latente
Faktoren — die Form der Tassen, der Winkel der Dächer, die Leucht-
kraft des Himmels oder die Stärke von Löwensenf — auf den literarischen Stil, die Abstraktionsfähigkeit oder die Folgerungskraft
von Individuen haben können, die sie wahrnehmen. Es ist unser
Ziel, dieses Problem anzudeuten; denn es gehört einer allgemeinen
Heuristik an und kann ernsthaft nicht ohne eine Analyse der laten-
ten Faktoren in der Umgebung des Menschen in Angriff genommen
werden, die vor allem auf einer *Demographie der Situationen,* einer
*Demographie der Objekte* und einer *Demographie der Handlungen*
beruhen müßte.

## 5. Die Überschwemmung der Kreativität durch das Wissen

In dem Maße wie der Mensch die Geheimnisse der Natur mit Hilfe
der Wissenschaft durchbricht und hierüber einen unangemessenen
Stolz entwickelt, bilden sich auf der Ebene des Sozialen andere
Geheimnisse, die man vielleicht *offene Geheimnisse* nennen sollte,
da sie, statt vor dem Menschen eine Tür der Unwissenheit zu schlie-
ßen, im Gegenteil unendliche Labyrinthe von Korridoren öffnen.
Ein typisches Beispiel für ein solches "offenes Geheimnis" ist jenes,
das die große Presse naiv das "Geheimnis der Atombombe" genannt
hat, während doch die Wissenschaftler und Techniker wissen, daß
sich in diesem Wunderwerk nur eine Vielzahl von "reservierten
Kenntnissen" verbinden, deren keines einer ernsthaften intellektuellen Bemühung unzugänglich bleiben würde. Das moderne Wissen
bildet neue soziologische Geheimnisse durch die Notwendigkeit, auf
Spezialisten zurückzugreifen. Dieser ist die dominante Figur, die
heute die westliche Welt beherrscht; denn für jedes Ding gibt es

irgendwo einen Spezialisten. Die Kultur besteht nicht mehr darin, zu wissen, sondern darin, zu wissen, wer es wissen muß. Die Zahl der Dinge, die wir de iure nicht wissen, ist ungeheuer angesichts derjenigen, die wir de facto nicht erreichen können, weil unter anderem eine bibliographische Recherche eine lange und kostenreiche Reise auf den Pfaden der Kultur ist, die man nicht ohne ernsthafte Gründe unternimmt und eine Ausdauer erfordert, wie sie zu den Fähigkeiten der meisten Menschen in keinem Verhältnis steht.

## 6. Auf dem Weg zu einer neuen intellektuellen Gesellschaft?

Die humanistische Kultur als Entdeckung vernünftig-logischer Zusammenhänge und als Methode einer hierarchischen Unterordnung der Kommunikationswege, die es ermöglicht, verschiedene Teile oder Tatsachen untereinander zu einer "Gestalt" zu verbinden, sie einer Gesamtheit unterzuordnen, das Wichtige vom Nebensächlichen zu unterscheiden und ein Programm aufzuzeichnen – diese Kultur wird in einer durch die Mosaikkultur bestimmten Welt immer mehr als eines jener offenen Geheimnisse erscheinen, die das Geheimnis der Macht sind, deren Beherrschung aber zunächst ein freiwilliges Exil aus dem Fluß der Massenmedien verlangt.
Innerhalb der sozialen Struktur fällt also dem "Intellektuellen" eine bestimmte Funktion zu, die sich durch dessen Einstellung zum Leben relativ leicht definieren läßt. Es ist sicher, daß die Erzeugnisse des Intellektuellen – die Ideen – immer mehr den Charakter eines positiven Wertes annehmen und mindestens einigen Gesetzen der Ökonomie unterliegen. Hierin liegt ein Wechsel unserer Einstellung. Der Begriff des Wertes einer Idee, des Wertes eines Intellektuellen und damit der Begriff der Verantwortung, unterliegt in Zukunft bestimmten Kriterien, deren Klarstellung wünschenswert erscheint. Wenn man unterstellt, daß alle Ausdrucks- und Informationsmittel in der Hand der Intellektuellen sind, muß zugegeben werden, daß die Größe ihrer Zuhörerschaft weitgehend dem Einfluß der alten, leicht anarchistischen und freiheitlichen "Intelligenz" entspricht, die in Rußland bis 1917 das revolutionäre Ferment gebildet hat. Es fragt sich nun, ob wir nach der "Managerial Revolution" *(Burnham)* und dem "Zeitalter des Organisationsmenschen" *(Whyte)* eine verschlüsselt schon angedeutete Ära der Intellektuellen erleben oder erleben werden.

Der Intellektuelle regiert nicht, unterzeichnet nicht, gibt keine Befehle. Er befindet sich stets am äußeren Rand des soziometrischen Zyklus, dessen starke Trägheit das Wirken der Ideen, die er herstellt, verbirgt. Daher ist die Macht des Intellektuellen stets nur diffus, geheim und tritt formal nicht in Erscheinung, weil sie immer irgendeiner Umsetzung in die Wirklichkeit unterworfen ist. Damit stellt sich die Frage: Wird man in unserer Gesellschaft eine echte neue Schicht entstehen sehen, die sich in eine Klasse verwandeln könnte, sobald sie sich ihrer selbst im Gegensatz zu den anderen bewußt würde? Diese Perspektive überschreitet den Rahmen des vorliegenden Werkes, bildet aber seine Entsprechung, da die kulturelle Evolution zugleich Spiegelbild und Ursache einer technischen Entwicklung ist, die ihrerseits die Entwicklung im demographischen Bereich beeinflußt. Hier liegt ein Problem der Zeitskala geborgen, da zwei Mechanismen im Spiel sind: a) das der Rückwirkung der Massenmedien auf die Schöpfer, Gegenstand der vorliegenden Arbeit und b) der der Rückwirkung der Kultur auf die Struktur der Gesellschaft, die durch etwas beherrscht wird, was man die "demographische Viskosität" nennen kann, d.h. das Verhältnis zwischen einer sozialen Kraft und der Menge der Individuen, die durch diese Kraft pro Zeiteinheit verändert werden. Um wieviel verändert z.B. die Veröffentlichung eines Werkes über die Geburtenkontrolle in 1000 Exemplaren die jährliche Geburtenziffer? Ein solches Problem gehört zwar der Zukunft an, muß aber eine Kulturpolitik direkt beeinflussen.

Unsere Zeit ist die einer Aufwertung kultureller Werte, die früher ihren Platz in der Wertetabelle der menschlichen Gemeinschaft mit den materiellen Werten, Konsumgütern und streng sozialen Werten teilen mußten. Eine Massenproduktion der Konsumgüter verringert für die Zukunft die Stellung der materiellen Güter im Geist der Menschen, wenn nicht in ihrem täglichen Leben. An dem Tag, an dem das Papier von einer Maschine hergestellt wird, während eine andere Maschine den Druck ausführt, liegt der einzige verbleibende "Wert" in dem, was man auf das Papier schreibt. Zugleich nehmen aber auch diese nicht-materiellen Güter einige Charakterzüge des Materiellen an. Die kulturellen Produkte, die die Massenkommunikationsmittel herstellen, werden zu Dingen, die quantitativen Gesetzen gehorchen, für die das Maß der Information eine Norm liefert. Es ist möglich, das Organogramm einer Nachrichtenfabrik (einer Zeitung) oder einer Kulturfabrik (einer Rundfunk- und Fernsehanstalt) auf die gleiche Art zu zeichnen wie das Organogramm einer Fabrik für elektrische Rasierapparate. Zwar ergibt sich nicht das gleiche Organogramm, aber es ist die gleiche Art Problem. Wenn es noch eine irgendwie geartete Transzendenz der intellektuellen Werte gibt, so kann man sie nur deutlich machen, indem man alle ihre materiellen Aspekte so deutlich wie möglich und so vollständig wie möglich ausdrückt. Die Transzendenz müßte sich dann als eine Art *Residuum der Analyse* zeigen, als ein nicht umschreibbarer Wert, der allen Maßen des Papiergewichts, der Befriedigung von Hörern und dyadischer Originalitätseinheiten unzulänglich bleibt.

Die Existenz der Massenmedien und neuer sozialer Strukturen von dem Augenblick an, wo diese die alten, auf den Produktionsmitteln beruhenden Strukturen zu ersetzen beginnen, stellt ein grundsätzliches Problem, nämlich das einer neuen Technologie – der Technologie der Sozialwissenschaften. Jeder Wissenschaft entspricht eine Technik, die der Wissenschaft einen Wert verleiht und ihr Probleme stellt. So entspricht den Naturwissenschaften (Physik, Chemie usw.) eine Technologie (Wie ist die natürliche Welt zu verändern?), deren Ergebnisse wir in der technischen Kultur, der städtischen Zivilisation und der Eroberung des Raumes von uns haben. Ebenso entspricht den biologischen Wissenschaften eine Technologie, die, von der Medizin und der kosmetischen Chirurgie abgesehen, in der heutigen Gesellschaft Filigran geblieben ist und der Frage entspricht: "Wie ist der Mensch zu verändern?" Den Sozialwissenschaften (als den Wissenschaften vom Menschen) entspricht nun auch eine Technologie, wie sie im vorliegenden Buch beschrieben ist. Es ist dies die Technologie der Kultur und beantwortet die Frage: "Wie ist der Geist des Menschen zu verändern?"

## 7. Zusammenfassung und Schlußbetrachtung

Hier nun folgen zusammengefaßt die wichtigsten von uns herausgestellten Punkte.
Die Kultur ist die Gesamtheit dessen, was der Mensch für die Zukunft nicht mehr wird vergessen können. Sie ist der intellektuelle Aspekt des künstlichen Milieus, das der Mensch sich innerhalb seines sozialen Lebens schafft. Der Begriff "Kultur" umfaßt die Gesamtheit der intellektuellen Elemente, die in einem gegebenen Geist vorhanden sind (individuelle Kultur), oder auch die einer Ge-

samtheit von Individuen, die eine soziale Gruppe bilden (Kultur einer Gesellschaft). Die individuelle Kultur ist der Projektionsschirm von Kenntnissen, auf den das Individuum die Botschaften aus der Außenwelt projiziert. Die Kultur ist damit Material des Denkens, aber das Denken ist ein tätiger Vorgang, in welchem auf der Grundlage von a priori gegebenen Elementen ein originales Mosaik konstruiert wird.

Die Kultur wird zunächst durch ihre *Ausdehnung* (d.h. die Anzahl der in ihr enthaltenen Elemente) gemessen, sodann durch ihre *Prägnanz* (die Zahl der möglichen oder bestehenden Assoziationen unter ihren Elementen). In der heutigen Gesellschaft ist sie das Ergebnis von Erziehung und Forschung, das heißt einer beständigen Anstrengung, die speziell einer kleinen Minderheit von Individuen zugewiesen ist, welche ein *Mikromilieu* bilden. Vor allem ist sie aber für die Mehrheit des sozialen Milieus das Ergebnis des Einflusses der Massenkommunikationsmittel, die das soziale Feld mit einer immensen Menge von Botschaften überschütten. Die Massenkultur, die sich zu einer autonomen Wesenheit herausgebildet hat, nimmt die Form einer *Mosaikkultur* an, die bei jedem Individuum aus einer Ansammlung heterogener Kenntnisfragmente besteht, die sich nach den Regeln einer Art statistischen Ablagerung zusammensetzt und eine Art Sediment der Massenmedien, bzw. ihrer Erzeugnisse, im Gehirn des Einzelnen bildet. Es bestehen also in der Gesellschaft, und besonders in der des Abendlandes, zwei extreme Arten von Milieus, unter die sich die einzelnen sozialen Schichten vom kulturellen Gesichtspunkt aus verteilen: Das intellektuelle Mikromilieu, das einige Hundertstel der gesamten Gesellschaft ausmacht und aus dem sich ein extrem kleiner *Kern* von "beruflich" schöpferisch Tätigen rekrutiert, der weniger als ein Tausendstel der Gesamtgesellschaft ausmacht, und am anderen Extrem eine ungeheure Masse, die sich kulturell von Presse, Fernsehen, Rundfunk und Film nährt und praktisch passiv das aufnimmt, was ihr das Mikromilieu durch Vermittlung technokratischer Agenten, die die Verbreitungsmaschinen bedienen, liefert.

Es läßt sich unter diesen Umständen von kulturellen *Herstellern* und *Verbrauchern* sprechen, und deshalb auch vom *wirtschaftlichen Wert einer Idee* und dem Kostenpreis ihrer Herstellung. Der Begriff des Wertes und der Kosten, den die Wirtschaftswissenschaft geschaffen und untersucht hat, bildet praktisch einen integrierenden Faktor für alle Aspekte der menschlichen Tätigkeit, wodurch es möglich ist, ihn auch auf den kulturellen Markt anzuwenden, mit der allerdings wichtigen Einschränkung, daß der Schöpfer, der eine Idee herstellt und verkauft, sie im Gegensatz zum Verkauf materieller Güter nicht nur nicht verliert, sondern sie lebhafter und ausgebildeter besitzt und dieser Mehrwert seinen Begriff des Gewinns beherrscht. Auf der Ebene der kulturellen Ökonomie der Zeichenwelt besteht keine strenge Beziehung zwischen dem Wert einer Idee und ihren möglichen Anwendungen und Verwirklichungen. Daraus ergibt sich eine grundsätzliche Vieldeutigkeit in der Situation des schöpferischen Intellektuellen, dessen kostbarsten Ideen diejenigen sind, die sich am schwersten entziffern lassen, während die nur "halboriginalen" Ideen des Gelehrten, des Beraters oder Dokumentalisten sich leichter spezifizieren, isolieren und letzten Endes abschätzen und verkaufen lassen.

Der Schöpfer stellt seine neuen Ideen auf der Grundlage von hergebrachten Ideen her, die den Bestand seiner persönlichen Kultur bilden und ihm aus dem sozialen und intellektuellen Milieu seiner Umgebung geliefert werden. Diese Ideen werden ihrerseits in zwei Stadien verbreitet: zunächst auf der Ebene des Mikromilieus, schließlich eventuell und manchmal mit starker Verzögerung durch die Massenmedien. Sie werden so Teil der Massenkultur und damit integrierender Teil des Milieus, in dem u.a. auch der Schöpfer selbst lebt. Hier liegt also ein geschlossener Kreislauf vor, den wir *Kulturzyklus* genannt haben. Der Kulturzyklus umfaßt die Gesamtheit der sozialen Pyramide, die sich als eine Kulturpyramide darstellt. Er bedingt praktisch die Existenz zweier getrennter Milieus.

1. Das Mikromilieu, in dem neue Ideen, Formen oder Werke geschaffen werden. Es rekrutiert sich heute mehr und mehr aus einer Art sozialen Schicht, die man als *intellektuelle Stadt* oder Gesellschaft bezeichnen kann. Ihre Werte sind von denen der übrigen Gesellschaft so verschieden, daß sie sich nicht nur nicht mit der Gesellschaft vermischt, sondern eine Tendenz zur Absonderung zeigt, die man zwar bedauern, aber feststellen muß.

2. Das Makromilieu, welches ein Produkt der Massenkommunikationsmittel ist. In ihm vereinigen sich Verbraucher und Hersteller der Massenbotschaften, die durch eine Reihe von Kanälen gehen und den modernen Menschen fast völlig in ihrer Gewalt haben.

Der Kulturzyklus verläuft von den Schöpfern zum Mikromilieu, vom Mikromilieu zu den Massenmedien, von den Massenmedien zu

den Massen. Die einzelnen Schöpfer sind selbst — ob sie wollen
oder nicht — Teil der Masse und damit wie alle anderen Menschen
dem Fluß der kulturellen Tatsachen ausgesetzt. Es ist dieser Prozeß,
aufgrund dessen sie die Welt, in der sie leben, ausdrücken oder wenigstens latente Faktoren in dieser Welt sublimieren. Im Kulturzyklus existieren empfindliche Punkte, verengte Stellen oder auch
"triggers" im Sinne der Kreislauftheorie. Nahe an diesen verengten
Stellen befinden sich fast immer Einflußgruppen, deren versteckte
Einwirkung im höchsten Maße wirksam wäre, wenn die Gruppen
nicht meist in gegensätzlichem Sinne wirkten und die Wirkung sich
so aufhöbe. Man kann sagen, daß die Zufälligkeit die letzte Zuflucht
der modernen Gesellschaft ist.

So besteht das Untersuchungsmaterial einer Soziodynamik der Kultur praktisch aus einem Fluß von heterogenen Botschaften, die sich
an alle Ebenen und Aspekte sämtlicher Sinne des Individuums richten. Erst seit wir mit der Kommunikationstheorie eine statistisch
begründete Gesamtdoktrin dieser Botschaften besitzen, können wir
die Kulturdynamik sinnvoll begreifen und die aus Zeichen zusammengesetzte Botschaft wie ein Ding beschreiben. Die Möglichkeit,
diese zu messen und aufzufinden, ist durch ihre Position in einem
Dimensionsnetz gegeben, welches die der Botschaft eigenen Koordi-
naten darstellt: Die Dimensionen beziehen sich auf zwei Gruppen
ihrer Aspekte:

1. den *semantischen* Aspekt, der normalisiert, universell, übersetz-
bar und in beschreibbaren Zeichen ausgedrückt ist;
2. den *ästhetischen* Aspekt, der sich mit der Art und Weise verbindet, mit der der Übertragende den Spielraum ausnützt, der ihm in
der Anwendung seiner Symbole gegeben ist, ohne dabei jedoch die
Grenzen ihrer Erkennbarkeit für den Empfänger zu überschreiten.

Die Maßeinheit jeder dieser Koordinatenachsen hängt stets mit der
Menge an Originalität zusammen, die die Botschaft nach der jeweiligen Dimension und auf dem spezifischen Niveau, das der Beobachter gewählt hat, um die Botschaft zu beschreiben, enthält. Es existiert also eine große Anzahl von Dimensionen, die einer Botschaft
anhaften. Sie sind sämtlich metrischen Charakters und ineinander
verschachtelt.In einer Zeichenverbindung liegt also auf jedem Niveau und für jede Dimension eine bestimmte Menge Originalität,
nämlich der *Informationsgehalt* der Botschaft für das betreffende
Niveau und den betreffenden Aspekt. Der relative Zeichenüberschuß
gegenüber einem theoretischen Ideal, das durch die in der Botschaft

enthaltene Originalität bestimmt wird, wird durch die *Redundanz* gemessen, die die Möglichkeit ausdrückt, die der Empfänger hat, in der Botschaft etwas vorauszusehen, Formen in ihr zu konstruieren, sie zu *verstehen.* Die Redundanz ist ein Maß für die Verständlichkeit.

Der Empfänger kann auf jedem Niveau nûr eine bestimmte Menge Originalität pro Zeiteinheit wahrnehmen. Es gibt für jede Dimension der Botschaft eine Grenze für seine Auffassungskapazität, eine Regel, die für den gesamten Wahrnehmungsvorgang, sowohl im semantischen wie im ästhetischen Bereich, gilt. Die Rhetorik, die Logik und jene Überzeugungsform, die Aristoteles "Enthymem" nannte, sowie das rewriting sind nur Arten und Weisen, die Originalität der Botschaft der Aufnahmefähigkeit des Empfängers anzupassen, sei es indem man Formen in ihr konstruiert, sei es indem man sie durch eine größere Anzahl von Zeichen verdünnt. Es gibt also eine "Konditionierung" (im Sinne von Verpackung) der kulturellen Produkte, und es wird eine neue Art von Technikern geben müssen (Produzenten), die als Vermittler zwischen der Quelle und der Masse fungieren, das heißt zwischen Mikromilieu und Makromilieu. Diese Produzenten sind Angestellte der Massenmedien und bilden ihrerseits eine soziale Untergruppe, in der die Kreativität sich nicht auf die Ideen selbst bezieht, sondern auf die Art und Weise, sie auszudrücken. Die Kenntnis dieser verschiedenen Techniken (der diversen metrischen Aspekte einer Botschaft, der hierarchischen Ordnung der Repertoires, des Inventars an Schlüsselworten, Symbolen und integrierenden Faktoren, der Werte, die es dem Empfänger erleichtern oder ihn hindern, das Neue in der Botschaft zu akzeptieren) bildet einen neuen und wichtigen Asepkt der Kultur von morgen.

Die Botschaften, welche die Schöpfer hergestellt haben, verbreiten sich in der Gesellschaft im Umlauf durch eine große Anzahl von Zyklen, die ein echtes *wirtschaftliches Netz* darstellen. Ihr Weg geht von der kurzfristigen und summarischen Verwirklichung durch den Schöpfer oder das Team von Schöpfern über ein Mikromilieu, wo die Botschaften eine Art *Existenzbescheinigung* erhalten und, wenn auch in beschränktem Umfang, gleichmäßig verbreitet werden. Dies geschieht durch eine dem Zufall unterworfene, polarisierte und durch eine Anzahl von Individuen tendenziös ausgerichtete Auswahl zu den Massenkommunikationsmitteln, die sie ihrerseits im Makromilieu, das heißt der gesamten Gesellschaft verbreiten.

Hier zeigt sich eine schöpferische *Kette,* die eine Vielfalt von oft komplexen Formen annehmen kann und sich in aufeinanderfolgenden Etappen vom Schöpfer neuer Ideen zur verbrauchenden Gesellschaft erstreckt. Von dieser aus gibt es fast immer Rückwirkungen auf die Massenmedien und oft auf die Schöpfer selbst, die so für ihr weiteres Schaffen beeinflußt werden. Solche Rückwirkungen sind wie in jedem Reaktionssystem durch mindestens drei Größen charakterisiert: 1. die *Stärke* der Rückkopplung, 2. ihre zeitliche *Verzögerung* im Verhältnis zu ihrer Ursache und 3. ihre mathematische *Form.*

Die Welt der Kultur erscheint uns also, kurz gesagt, als ein riesiges *Netz von mehr oder weniger geschlossenen Kreisläufen kultureller Produkte,* die miteinander gekoppelt sind, somit einander beeinflussen; von Kreisläufen, die außerordentlich komplex, aber statistisch determiniert sind. Dieser zyklische Aspekt bildet schließlich einen Ordnungsfaktor großen Maßstabs, auf dem eine allgemeine Theorie der Kultur aufbauen kann. Der Zyklus, den wir als fundamentalen Wesenszug der Kultur betrachten, bedingt, daß die Kultur selbst ein kumulativer Vorgang ist und führt so logisch zu einer *dynamischen Theorie der Kultur.* Statt das Netz von Kreisläufen, welche die Kultur auf ihrem Weg von den Schöpfern über die Massenmedien zu den Verbrauchern und zurück durchläuft, einfach festzustellen und zu beschreiben, gelangt man zu einer Art dynamischen Philosophie der Kultur. Wenn wir (zumindest theoretisch) wissen, welche Wege die Kultur geht und wie sie zirkuliert, müssen wir auf sie einwirken können, und wenn, wie *Moreno* meint, die Zukunft unserer Kulturen von der Kreativität ihrer Träger abhängt, so wird unsere Stellungnahme zu dem Einfluß, den die Massenkommunikationsmittel auf die Menschheit und auf die Schaffung neuer Ideen ausüben, unumgänglich. Um dies zu demonstrieren, haben wir einen Einzelfall untersucht, den von Rundfunk und Fernsehen, weil sich in ihm fast alle Eigenarten, die wir bei der Untersuchung der wichtigsten Kulturkanäle gefunden haben, vereinigen. Wir haben für diese Massenkommunikationsmittel eine Untersuchung der Gesamtstruktur angestellt, die Vektoren ermittelt, welche Auswahl und Ausdruck der Kultureme polarisieren, und schließlich die Reaktionsweisen gezeigt, die seine Funktion als Verbreiter von Ideen, Tatsachen und Werken konditionieren. So konnten wir aufzeigen, daß es für die Anwendung dieser Kommunikationsmittel verschiedene Doktrinen gibt: die *demagogische,* die *dogmatische,* die *eklektische* oder *kulturalistische* und die *dynamische* Doktrin.

Die zuletzt angeführte Doktrin sucht den kulturellen Zyklus zu verlangsamen oder zu beschleunigen, indem sie auf seine verengten und empfindlichen Punkte einwirkt, wo eine sehr große Masse von Botschaften durch die Einwirkung einer sehr kleinen Zahl von Individuen gefiltert wird. Sie nimmt zwei mögliche Haltungen des sozialen Menschen an: eine konservative, die zur Vergangenheit hin orientiert ist, und eine fortschrittliche, die auf die Zukunft gerichtet ist.

Die uns umgebende Welt, ist eine *technologische Welt,* eine *Welt von Maschinen,* seien es materielle Maschinen oder komplexe soziologische Mechanismen. Diese Maschinen werden von einer großen Anzahl fleißiger Gelehrter geschaffen, die alle in einem sich beschleunigenden Prozeß eingefangen sind und weder Zeit noch Neigung haben, etwas über den Gesamtablauf des Prozesses herauszufinden. Wir lernen diese Welt planlos durch eigene Versuche und Fehlschläge kennen, und unsere Kultur wird auf "quantitative" Art und Weise, das heißt durch die Anzahl der in unserem Gehirn vorhandenen Begriffe bestimmt; wenn nicht ausschließlich, so doch weit mehr als durch eine deutlich abgegrenzte Struktur, in der die Elemente des Wissens organisiert wären und die eine humanistische Kultur möglich machen würde.

Praktisch erweist sich die Effizienz der Sozialwissenschaften als außerordentlich groß, sobald man sie auf einen relativ begrenzten Bereich anwendet. Die Gründe, aus denen das Individuum vor den Einwirkungen der Soziologie und Psychologie verhältnismäßig verschont geblieben ist, sind die folgenden:

1. den in der sozialen Gemeinschaft Herrschenden fehlen hinreichend klare Gesamtkonzeptionen;
2. diejenigen, die befähigt wären, eine Formung der Gehirne vorzunehmen, besitzen nicht genug Ehrgeiz;
3. in der heutigen Gesellschaft herrscht eine Unordnung, in der die eine Propaganda und die eine Werbung durch die andere entkräftet wird. Hierdurch entwickelt sich eine Art Immunisierung gegen die Ziele der Propaganda, innerhalb der das Individuum zu einem Schlachtfeld für verschiedenartige, grobe und schematische Slogans wird, die geistige Tätigkeit versprengen und dazu beitragen, den mosaikhaften Aspekt der Kultur zu verstärken.

Eine Kybernetik der sozialen Gemeinschaft bedingt die Idee eines *"governor"* in jedem "rückgekoppelten" System, das nicht dem Zu-

fall überlassen werden sollte. Das Verständnıs für einen solchen "rückgekoppelten" Mechanismus und seine Elemente gehört dem Rahmen
der Sozialwissenschaften in dem Maße an, wie diese durch die Informationstheorie miteinander verbunden sind. Es erfordert eine
klare Vorstellung des zu erreichenden Ziels, wobei der "rückge-
koppelte" Mechanismus den Begriff einer *dynamischen Philosophie*
bestimmt, die in einer systematischen Auswertung der schöpferischen Kraft im Bereich der Ideen durch den oben beschriebenen
Vorgang bestände und passive Hinnahme zufälliger Einflüsse ersetzen würde.

Das Problem einer neo-humanistischen Kultur besteht also darin,
eine Art der Formung zu definieren, welche die Individuen dazu
erzöge, den soziokulturellen Rahmen, in dem sie stehen, zu regu-
lieren oder zu kontrollieren. Dieses "governor system" hat die Aufgabe, ein System von dynamischen Ideen oder Begriffen zu liefern,
die durch ihre bloße Verbreitung innerhalb einer sozialen Gruppe
und ihre Anwendung durch die führende Schicht in der Gruppe zur
nächsten Phase der Evolution führen. Wer aber wird innerhalb der
Gesellschaft der "Pilot" sein — der Ingenieur, der Arzt, der Gelehrte, der Künstler, der Psychologe oder der Philosoph? Alle diese
Menschen erheben im gegenwärtigen Zustand der Gesellschaft Anspruch auf diese Rolle, die, wie man unterstreichen muß, sich *nicht*
mit der der Staatsmänner oder Führer deckt, wie immer diese ihre
Aufgabe auch politisch deuten mögen.

Da der Humanist als aktives Mitglied der Gesellschaft verschwunden
ist und sich in die Gelehrsamkeit zurückgezogen hat, wenden wir
uns von neuem dem Philosophen zu, der in allgemeinen Ideen spezialisiert und an Abstraktionen gewöhnt ist und zuweilen eine mathematische Vorbildung besitzt. Diese Art von Menschen müßte
noch am ehesten bereit sein, die Ideenmechanismen, die die Grundlage der menschlichen Entwicklung bilden, aktiv zu beeinflussen;
denn praktisch bemühen sich fast alle Philosophen, nach logischen
und allgemeingültigen Prinzipien zu denken, zumal klares Denken
das anerkannte Ziel der Philosophie ist. Aus diesen Bemerkungen
ergibt sich,

1. daß der Philosoph den Aufbau systematischer, allgemeiner Lehr-
gebäude aufgeben muß;
2. daß er zu einer sehr bescheidenen Auffassung der Philosophie
als angewandte Technik der Methodenforschung kommen muß;
3. daß er sich besonders aufmerksam darum bemühen muß, eine

hinreichende technische Kenntnis und Fertigkeiten in der Anwendung technischer Begriffe zu erlangen, um mit den Schöpfern solcher Begriffe auf gleicher Ebene verkehren zu können.

Wenn man in der Ausbildung des Philosophen ein Gleichgewicht zwischen dem physikalisch-chemischen Aspekt des Universums und einer integrierten Kenntnis der Sozialwissenschaften innerhalb des durch die Informationstheorie gelieferten Rahmens erzielen könnte, so wäre der Philosoph in der Lage, die moderne Welt hinreichend synthetische Weise zu begreifen, um die zahlreichen Konzeptionen und Begriffe, die sich aus der Evolution ergeben, *genügend lange im voraus* zu kristallisieren, und zwar indem er nicht nur etwa das kommende Jahr für seine Haushaltsrechnung vorausschätzt, sondern auch eine Regelung ("Abstimmung" im Sinne der Regeltechnik) schafft, indem er in der Beschleunigung des Zyklus: Ideen — Theorie — Technologie — neue Lebensweise — neue Möglichkeiten — neue Ideen — eine Rückwirkung schafft. Wenn man will, daß die Entwicklung der modernen Welt nicht dem Zufall überlassen bleibe, dann muß für den Bereich der schöpferischen Ideen irgendeine Art der tätigen Einwirkung gefunden werden. Uns scheint, daß eine dynamische Philosophie entwickelt werden kann, die die Kraft, Ideen zu schaffen, zum Einfluß auf die Evolution der Begriffe selbst ausnützt und so der ordnungsfeindlichen Wirkung der technischen Kräfte zu begegnen weiß. Sollte dies nicht geschehen, so wird man jedenfalls eine wenigstens teilweise Ausnützung der hohen Effizienz der Sozialwissenschaften erwarten müssen. Es erscheint uns weise, eine solche Entwicklung vorauszusehen.

158

# Literatur

*Adorno, Th.W.:* Einführung in die Musiksoziologie, Frankfurt/M. 1962.
*Angoulvent, P.:* L'Edition française, Paris 1960.
*Arnheim, R.:* Kunst und Sehen, Berlin 1965.
*Barker, R.E.:* Books for All, in: Unesco Review, Paris 1956.
*Barthes, R.:* Mythologies, Paris 1957.
*Beighley, K.C.:* Experimental Study of the Effect of 4 Speech Variables of
   Listener Comprehension, in: Speech Monographs, 1952, 19, S. 249-258.
*Belson, W.A.:* Measuring the Effects of TV, in: Public Opinion Quarterly,
   1958, S. 11.
*Belson, W.A.:* New Developments in Audience Research Methods. The Effects
   of TV on the Reading and the Buying of Newspapers and Magazines, in:
   Public Opinion Quarterly, 1961, Bd. 25.
*Bohringer, F.B.:* Rhetorische Kommunikation, Hamburg 1963.
*Bonsiepe, G.:* Visuelle Rhetorik, in: Zeitschrift der Hochschule für Gestal-
   tung, Nr. 1415, Ulm 1965.
*Carcopino, J.:* La vie quotidienne à Rome à l'Apogée de l'Empire, Paris 1939.
*Cantrill, R. und Allport, G.:* The Psychology of Radio, New York 1953.
*Cattel, R.:* The Dimensions of Culture Patterns by Factorization of National
   Characters, in: Journal of Abnormal and Social Psychology, 44, 1949,
   S. 443-469.
*Cazeneuve, J.:* Sociologie de la Radio-Télévision, Paris 1969.
*Clausse, R.:* Publikum und Information, Köln/Opladen 1962.
*Cowley, M.:* Writers at Work, New York 1958.
*Diehl, C.F. und McDonald, E.T.:* Effects of Voice Quality on Communication
   in: Journal of Speech and Hearing Disorders, 1956, 21, S. 233 ff.
*Dodd, S.C.:* Predictable Diffusions. Testing Probability Models for Laws of
   Interaction, in: American Sociological Review, 1955, 20, S. 392 ff.
*Dodd, S.C.:* Testing Message Diffusion in Harmonic Logistic Curves, in:
   Psychometrika, 1956, 21, S. 191 ff.
*Dumazedier, J.:* Vers une Civilisation du Loisir? Paris 1962.
*Escarpit, R.:* Das Buch und der Leser, Köln/Opladen 1966.
*Escarpit, R.:* La révolution du livre, Paris 1965.
*Escarpit, R.:* Le littéraire et le social, Paris 1970.
*Flesch, R.:* Marks of Readable Style. A Study in Adult Education, New York
   1943.
*Gimpel, F.:* Les Intellectuels au Moyen Age, Paris 1959.
*Galbraith, J.K.:* The Affluent Society, Boston 1958.
*Hoggart, R.:* The Uses of Literacy, Fair Lawn, N.Y.,1957.
*Hovland, C.I., Janis, J.L. und Kelley, H.H.:* Communication and Persuasion,
   New Haven 1953.
*Hofstätter, P.R.:* Sozialpsychologie, Berlin 1956.
*Huntington, E.:* Mainsprings of Civilization, New York 1945.
*Kardiner, A. und Linton, R.:* The Psychological Frontiers of Society,
   New York 1946.

*Kandel, L,* und *Moles, A.:* Adaptation de l'indice de Flesch à la Langue Française, in: Cahiers de Radio-Télévision, 1958, S. 252 ff.

*Kientz, A.:* Pour analyser les media, Paris 1970.

*Kroeber, A.L.:* The Nature of Culture, Chicago 1952.

*König, R. und Silbermann, A.:* Der unversorgte selbständige Künstler, Köln/Berlin 1964.

*Likert, R.:* Some Applications of Behavioral Research, Paris 1959.

*Langer, S.K.:* Philosophy in a New Key, New York 1942.

*Lazarsfeld, P.F.:* Radio and the Printed Page, New York 1940.

*Lefebvre, H.:* Critique de la vie quotidienne, Paris 1961/62.

*Lévi-Strauss, Cl.:* Strukturale Anthropologie, Frankfurt/M. 1967.

*Ludwig, M.C.:* Hard Words and Human Interest, in: Journalism Quarterly, 1949, 26, S. 161 ff.

*McLuhan, M.:* Understanding Media. The Extensions of Man, London 1964.

*Miller, G.:* Language and Communication, New York 1958.

*Miller, G.:* The Power Elite, New York 1956.

*Moles, A.:* Art and Cybernetic in the Supermarket, in: Cybernetics, Art and Ideas, London 1971.

*Moles, A.:* Theater und Synthese der Technik, in: Theater und Zeit, 1961, Nr. 1 und 1962, Nr. 2.

*Moles, A.:* Rôle des facteurs dynamiques dans la caractérisation du discours, in: Cahiers d'Etudes de Radio-Télévision, 1954.

*Moles, A.:* Informationstheorie und ästhetische Wahrnehmung, Köln 1971.

*Moles, A.:* Musiques expérimentales, Paris/Brüssel/Zürich 1960.

*Moles, A.:* Psychologie du Kitsch, l'art du bonheur, Paris 1971.

*Moles, A.:* Art et Ordinateur, Paris 1971.

*Moles, A.:* L'affiche dans la société urbaine, Paris 1970.

*Moles, A.:* (Hrsg.), Communication et les mass media, Paris 1973.

*Moles, A.:* Sur la typologie des événements, in: Communications, 18, 1972.

*Moreno, J.-C.:* Theatre of Spontaneity, New York 1945.

*Morin, E.:* Der Geist der Zeit, Köln/Berlin 1965.

*Morin, E.:* Les Stars, Paris 1959.

*Nordenstreng, K.:* Informational Mass Communication, Helsinki 1973.

*Ornstein, M.:* The Role of Scientific Societies in the Seventeenth Century, Chicago 1938.

*Osgood, Cl., Suci, G.J. und Tannenbaum, P.H.:* The Measurement of Meaning, Urbana 1957.

*Oulif, M. und Cazeneuve, J.:* La grande chance de la télévision, Paris 1963.

*Perleman, A.:* Traité de L'argumentation, Paris 1959.

*Pool, J. de S.:* (Hrsg.), Trends in Content Analysis, Urbana 1959.

*Pucheu, R.:* Le Journal, les Mythes et les Hommes, Paris 1962.

*Rider, F.:* The Scholar and the Future of the Research Library, New York 1944.

*Rheims, M.:* La vie étrange des objets, Paris 1959.

*Silbermann, A.:* Vorteile und Nachteile des kommerziellen Fernsehens, Düsseldorf/Wien 1968.

*Silbermann, A. und Krüger, U.M.:* Soziologie der Massenkommunikation, Stuttgart 1973.

*Silbermann, A.:* Musik, Rundfunk und Hörer, Köln/Opladen 1959.

*Silbermann, A.:* Empirische Kunstsoziologie, Stuttgart 1973.

*Schramm, W.:* (Hrsg.), Grundlagen der Kommunikationsforschung München 1964.

*Sonrel, P.:* Traité de Scénographie, Paris 1943.

*Steiner, G.A.:* The People Look at Television. A Study of Audience Attitudes, New York 1963.

*Thorndike, L.:* The Teacher's Word Book of 30000 Words, New York 1944.

*Van der Beke, G.E.:* French Word Book, New York 1935.

*Veblen, Th.:* The Theory of the Leisure Class, London 1899.

*Weber, A.:* Kulturgeschichte als Kultursoziologie, München 1950.

*Weber, M.:* Wissenschaft als Beruf, Berlin 1919.

*White, L.A.:* The Science of Culture, New York 1945.

*Zahn, F.:* Soziologie der Prosperität, München 1964.

*Zipf, G.H.:* Human Behavior and the Principle of the Least Effort, Cambridge 1949.

*Zoitowski, V.:* Les cycles de la création intellectuelle et artistique, in: Année Sociologique, Paris 1951.

**Sozialisation durch Massenkommunikation**

Herausgegeben von F. RONNEBERGER

1971. XV, 440 Seiten, 14 Abbildungen, 44 Tabellen
Format 16,2 x 24,4 cm, kart. DM 47,—
ISBN 3 432 01728 6

Der Mensch als soziales und personales Wesen, Bd. 4

**Die soziale Gruppe im Prozeß der Massenkommunikation**

Von P. MÜLLER

1970. VIII, 261 Seiten, Format 16,2 x 24,4 cm, kart. DM 38,—
ISBN 3 432 01211 X

**Interpersonale Kommunikation und Beeinflussung**

Beitrag zu einer soziologischen Theorie der Kommunikation

Von H. O. LUTHE

1968. VIII, 122 Seiten, Format 16,2 x 24,4 cm, kart. DM 34,—
ISBN 3 432 01000 1

**Der Kulturaneignungskonflikt**

Auch ein Beitrag zur politischen Soziologie

Von H. TOASPERN

1971. VIII, 130 Seiten, Format 16,2 x 24,4 cm, kart. DM 32,—
ISBN 3 432 01704 9

Bonner Beiträge zur Soziologie, 11

 Ferdinand Enke Verlag Stuttgart

# Zeitschrift für Soziologie

Band 5 (1976)

Herausgegeben von: Prof. Dr. F.-X. KAUFMANN, Bielefeld; Dr. R. KLIMA, Bielefeld; Dr. Fr. U. PAPPI, Mannheim; Prof. Dr. W. SCHLUCHTER, Düsseldorf; Prof. Dr. W. SCHOENE, Münster i.W.

Beirat: H. Albert, Mannheim; K. v. Beyme, Heidelberg; G. Brandt, Frankfurt a. M.; L. Clausen, Kiel; M. v. Cranach, Bern; K. Dörner, Hamburg; J. Friedrichs, Hamburg; J. Habermas, Starnberg; Th. Harder, Bielefeld; H.-J. Hoffmann-Nowotny, Zürich; P. Hübner, Berlin; G. Kade, Darmstadt; H. Kellner, Darmstadt; R. Koselleck, Bielefeld; R. Lautmann, Bremen; W. Lepenies, Berlin; K. Lorenz, Saarbrücken; A. Lorenzer, Frankfurt; L. Lüscher, Konstanz; N. Luhmann, Bielefeld; J. Matthes, Bielefeld; H. Nowotny, Wien; U. Oevermann, Berlin; P. M. Roeder, Berlin; F. Sack, Hannover; M. Schumann, Göttingen; Chr. Sigrist, Münster i.W.; W. Zapf, Mannheim

Erscheint vierteljährlich. 4 Hefte bilden einen Band.
Bezugspreis je Band DM 64,—
(Vorzugspreis für Studenten DM 39,—) und Versandkosten.
Format 17 x 24 cm
Einzelheft DM 20,—. Einbanddecke lieferbar.


# Soziologie

Mitteilungsblatt der
Deutschen Gesellschaft für Soziologie

Jahrgang 1976

Herausgegeben im Auftrag des Vorstandes der Deutschen Gesellschaft für Soziologie von Günter Hartfiel, Kassel

Erscheint halbjährlich. Format 14,8 x 21 cm
Jahrespreis DM 20,—. Einzelheft DM 12,50

 Ferdinand Enke Verlag Stuttgart